Chez les Cannibales de l'Afrique centrale

PAR

Herbert WARD

UN SORCIER

LIBRAIRIE PLON

CHEZ

LES CANNIBALES

DE

L'AFRIQUE CENTRALE

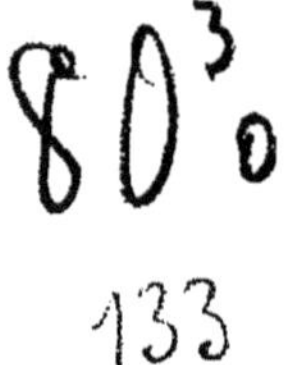

UN GUERRIER CONGOLAIS

D'après un bronze de l'auteur.

CHEZ

LES CANNIBALES

DE

L'AFRIQUE CENTRALE

PAR

HERBERT WARD

ENGAGÉ COMME OFFICIER DANS L'EXPÉDITION STANLEY

(1884-1889)

Avec 62 gravures hors texte

PARIS

LIBRAIRIE PLON

PLON-NOURRIT ET Cie, IMPRIMEURS-ÉDITEURS

8, RUE GARANCIÈRE — 6^e

1910

PRÉFACE

J'abordais en Afrique sans dessein précis. Aucune ambition particulière ne m'y poussait. Le besoin d'aventures qui dès l'âge de quinze ans me fit parcourir la Nouvelle-Zélande, l'Australie et les régions inconnues de la partie septentrionale de Bornéo, fut la seule explication de mon long séjour dans le Centre africain.

J'y vécus des années impressionnantes et belles.

Dès le premier contact les naturels m'intéressèrent vivement et je ne cessai par la suite de m'attacher à eux davantage. J'appris à les connaître, ils m'enseignèrent leur langage barbare, je m'aperçus que sous leurs aspects cruels et sournois se cachaient des sentiments humains semblables aux nôtres — et je les aimai.

H. W.

CHEZ LES CANNIBALES DE L'AFRIQUE CENTRALE

UN VILLAGE

« Les sauvages ne sont que des ombres de nous-mêmes. »

OVIDE.

Le village s'appelle Ibenza. Il est situé au cœur de la grande forêt africaine, à quinze cents milles des rivages de l'Océan.

C'est le petit jour. Il fait sombre, humide et froid. Un lourd brouillard blanc se roule sur le sol, enveloppant d'une sorte de fantasmagorie mystérieuse les huttes et les arbustes aux feuillages bas. L'air est chargé de l'âcre et écœurante senteur des ferments putrides. Des bruits parfois lugubres s'accordent à la musique de la forêt sauvage et le chantonnement incessant des moustiques est affolant. Le rauque coassement des grenouilles et les cris étranges et variés de la vie animale produisent, dans l'obscurité, une impression discordante et sinistre.

Des huttes d'herbe où les indigènes dorment, sortent des ronflements lourds et, plus loin, une femme tenant dans ses bras un enfant qui pleure est accroupie auprès des tisons mourants d'un feu.

L'aube survient. Au sommet des arbres, les oiseaux battent des ailes et lissent leurs plumes. Des hommes et des femmes se glissent hors de leurs cabanes, en s'étirant. Les brumes matinales disparaissent bientôt et l'animation s'accroît dans le village.

Les enfants insouciants et joyeux commencent à gambader et en voici avec leurs semblants d'arcs et de flèches qui harcèlent les chiens errants.

Bien que le vêtement soit réduit à une extrême simplicité, ces peuples primitifs ne sont pas insensibles aux charmes de la parure. La chevelure et la barbe sont rasées, ou nattées en tresses compliquées. Le corps est frotté de bois de kambi en poudre et d'huile de palme, et il est fait un copieux usage de substances colorantes pour peindre sur la face et les membres des dessins décoratifs.

Quand le soleil monte au-dessus de l'horizon, dans un ciel sans nuage, répandant une vivifiante chaleur sur la terre, toute la nature revêt un aspect joyeux. D'innombrables petits oiseaux, dont le resplendissant plumage éclate au clair soleil, sortent en gazouillant de la forêt ténébreuse et volètent dans les buissons qui entourent le village. De grands papillons aux ailes sombres ou teintées de somptueuses couleurs voltigent légers sur les détritus entassés.

Le village forme un violent contraste avec ses féeriques alentours. Les huttes coniques sont encore trempées de l'abondante rosée de la nuit; les étroits sentiers sont couverts de feuilles mortes et d'immondices, et les demeures indigènes révèlent la nature insouciante de leurs habitants.

Le repas du matin, consistant en quelques épis de maïs et un peu de poisson à demi fumé, est vite expédié. Aussitôt après, les femmes disparaissent vers les plantations de la forêt, où elles vont chercher la nourriture et le bois. Les hommes se rassemblent lentement devant la hutte du chef pour entendre les discussions publiques de la journée.

Ces palabres sont chers à tous les indigènes de l'Afrique centrale, qui prennent le plus vif plaisir à l'art oratoire. Ils parlent d'abondance et se servent de nombreuses expressions fleuries et métaphoriques. Avec leur don naturel d'élocution facile, dont l'effet s'augmente des inflexions douces et de l'harmonieuse euphonie de leur langage, ils raisonnent bien et déploient une réelle éloquence.

La « cour » siégeant ce jour-là procède à une enquête sur la mort d'une jeune esclave, récemment surprise par un crocodile pendant qu'elle se baignait dans la rivière. Deux cents hommes et jeunes gens, environ, presque nus, sont assis en demi-cercle devant le chef, personnage truculent, à la forte charpente, paré de lourds cercles de fer aux poignets et aux chevilles, et assis, les jambes croisées, sur une peau de léopard.

Le propriétaire de la malheureuse esclave s'avance : enfonçant la pointe de sa lance dans le sol, il prend dans sa main droite plusieurs morceaux de bambou fendu. Avec des gestes simples et une élocution facile, il marque chaque partie de son discours en choisissant un des morceaux de bois et en le plaçant à terre devant lui. En résumé, il retrace d'abord sa jeunesse; puis, en une succession monotone, et sans aucun souci de rapport logique, il énumère les événements les plus mémorables et les plus favorables de sa vie, jusqu'à l'époque où il acheta l'esclave. Ensuite il relate les circonstances de sa mort.

« Cette mort n'est pas un accident naturel, continue-t-il enfin, dans son dialecte fleuri. Une personne au cœur mauvais a été en communication avec le crocodile qui m'a privé de mon esclave. Un esprit malin, né de l'envie ou de la malveillance, est entré dans l'âme de quelque habitant de ce village, qui l'a transmis au crocodile. Il est possible même que quelque homme ou quelque femme, mû par un désir de vengeance, se soit transformé en crocodile pour me causer du dommage. Un esprit mauvais a fait son œuvre et je demande que Nganga, notre sage et savant sorcier, le recherche. »

Son discours s'achève sur ces mots, et à ses pieds, sur le sol, sont rangés les menus bâtons qui lui ont servi de memoranda.

GROUPE CONGOLAIS

D'après un bronze de l'auteur.

Tout aussitôt un autre orateur commence à développer une argumentation différente, émettant l'idée que l'esclave avait offensé le Grand Esprit Mauvais et que, dans sa colère, Ndoki avait envoyé pour la punir le crocodile, son émissaire.

D'autres hommes retiennent l'attention de l'auditoire en exposant des superstitions plus étranges encore. La discussion s'anime et les voix se haussent jusqu'au ton de la querelle. L'apparition de plusieurs femmes qui apportent, dans de grandes jattes de terre, du jus de canne à sucre fermenté fait une opportune diversion. Le brouhaha se calme; les naturels, oubliant leur discussion, se précipitent au-devant de l'enivrant liquide et leur conversation reprend un ton plus amical. Le soleil à présent est au zénith et la chaleur est intense.

Des clochettes de fer tintinnabulent, des pieds frappent le sol, les regards se tournent vers un sentier de la forêt, et, d'un nuage de poussière, surgit la grotesque personne de l'homme aux fétiches. Des peaux de chat sauvage pendent à sa ceinture. Ses paupières sont blanchies à la craie. Son corps est barbouillé du sang d'un volatile récemment tué. Les plumes de sa coiffure s'agitent au rythme de sa danse. Ses charmes et ses ornements de métal se heurtent et résonnent tandis qu'il saute à la manière d'un arlequin.

Sa danse est fantasque et incohérente. Il frappe des pieds et tord son corps comme si ses hanches étaient flexibles. L'assistance s'est accroupie en cercle autour de lui et chante une mélopée lugubre, claquant des mains à l'unisson. A la fin, ruisselant de sueur, poussiéreux et maculé de boue, le sorcier, d'un geste de la main, commande le silence. Balançant les épaules et levant haut les pieds, il fait lentement le tour de l'assistance, en fixant des regards scrutateurs sur les visages devenus graves. Avec une voix criarde et toujours balançant son buste, il annonce qu'il cherche un esprit mauvais, caché dans celui ou dans celle qui a pris la forme de ce crocodile mangeur d'esclaves.

— C'est une femme, s'écrie-t-il, avec un rire démoniaque changeant le ton aigu de sa voix en basse profonde. Une femme, une vieille femme qui était envieuse de la faveur que son maître témoignait à l'esclave dévouée.

Il place alors son oreille contre le sol et entame une conversation imaginaire, avec un esprit de la terre. Il se relève, et s'avance à pas mesurés dans la direction d'une pauvre vieille à l'air malheureux et résigné. Tendant le doigt vers elle, il fait une hideuse grimace et sur un ton sépulcral il la condamne comme coupable. L'infortunée pousse un cri, bondit sur ses pieds et se tourne pour fuir,... trop tard! Une lance scintille et siffle à travers l'air, l'atteint dans le dos et, avec un gémissement de douleur, la femme tombe lourdement sur le sol. Le tumulte qui s'ensuit est indescriptible, le corps est traîné vers la rivière au milieu des cris et des hurlements. Après quoi, ces âmes simples se réjouissent qu'un esprit mauvais ait été apaisé.

Le tapage se calme peu à peu, les ruelles du village sont de nouveau désertes. C'est l'heure de la sieste.

Tout redevient silencieux et tranquille. Les oiseaux et les insectes même cherchent l'ombre. La chaleur est torride, avec une clarté aveuglante, sous laquelle les toits d'herbe des huttes resplendissent comme pailletés de givre. Quand les ombres commencent à s'allonger, la vie suspendue reprend son cours. Les hommes appuient leur tête sur les genoux des femmes qui les coiffent. Très légèrement, à l'aide d'une brochette de fer, elles peignent les toisons crépues et les tressent en natte en les oignant d'huile de palme.

Au coucher du soleil les femmes apportent le repas du soir composé de bananes grillées, de manioc bouilli, de poisson fumé et quelquefois d'un bol de sauterelles, ou de fourmis blanches grillées. Les hommes mangent à la porte de leur hutte. Les femmes prennent leur repas à part, car l'étiquette interdit aux femmes de manger en présence des hommes.

Quand la nuit est tombée, et que les lucioles scintillent autour des buissons, un gros tambour de bois convoque à la danse du soir. Avec des cris joyeux, les gens du village s'assemblent. Se formant sur deux rangs, ils s'avancent et reculent avec des mouvements sinueux et balancés, chantant à pleine voix un air rythmé, et marquant la mesure en claquant des mains et frappant du pied. Plus tard, la lune verse une lumière argentée sur les corps luisants et les ornements de métal. Les accents profonds des hommes et les voix aiguës des femmes sont répétés en écho par la forêt. Les pieds nus trépignent le sol. Les palmes gracieuses et les larges feuilles des bananiers avec leurs courbes et leurs lignes fixes font un treillis sur le clair ciel nocturne. Une fumée bleue diaphane, montant des feux de bois, flotte au-dessus des danseurs, portée par la brise du soir. La scène est fantastique, les bruits sont barbares; c'est un tableau de la vie humaine à sa phase primitive.

Vers minuit, la danse cesse; tous les bruits se taisent. Les maigres chiens parias errent par le village en quête de nourriture. Eux aussi cèdent au sommeil et se couchent en rond sur les cendres blanches des feux éteints. De temps en temps, un enfant s'éveille et crie; une grenouille coasse, et des myriades de moustiques emplissent une fois de plus de leur musique les ténèbres nocturnes.

FEMME DU BAKONGO

Dessin de l'auteur.

TRAITS DE CARACTÈRE INDIGÈNE

C'est à un endroit appelé Manyanga que j'ai rencontré l'exemple le plus typique de la naïveté du caractère congolais. C'était l'heure la plus chaude du jour; assis sous l'auvent de ma hutte au toit d'herbe, contemplant les eaux tourbillonnantes de la région des cataractes, je songeais à l'accident particulièrement tragique où Franck Pocok trouva la mort, pendant le mémorable voyage de Stanley à travers l'Afrique en 1877. J'apercevais d'où j'étais le remous des eaux écumeuses, au-dessous des rocs énormes contre lesquels le brave et infortuné garçon était venu s'écraser.

Un groupe d'indigènes, revenant d'un marché, arriva jusqu'à moi. Employant toutes les ressources de son dialecte, leur porte-parole essaya sur le ton le plus persuasif de me vendre trois fois sa valeur une chèvre étique. Je coupai court à ce marchandage et quelques minutes après, j'observai les noirs s'embarquant dans un canot. Ils pagayèrent contre le courant sans s'éloigner de la rive, jusqu'à un point d'où il était habituel, mais en tous temps hasardeux, de diriger la frêle embarcation, vers la rive opposée. Il fallait alors franchir une distance de cinq cents mètres environ à travers des tourbillons violents et changeants. A sept ou huit cents mètres au-dessous de ce point, l'eau mugissante se transformait en un bouillonnement d'écume perpétuel et d'une violence inouïe.

D'abord, je suivis d'un regard distrait le canot instable et ses passagers, jusqu'à ce qu'ils fussent parvenus à l'endroit critique de leur traversée. Ils avaient à manœuvrer leur barque de façon à échapper au remous d'un tourbillon, visible à mes yeux... Suspendant ma respiration je vis soudain la frêle pirogue entraînée de flanc dans la partie la plus rapide du fleuve. Les pagayeurs n'étaient plus maîtres de la barque, et les noirs semblaient affolés par le désastre proche.

J'étais arrivé jusqu'à la rive et je vis bien que tout était perdu, car l'embarcation était pleine d'eau : il n'en émergeait plus ici et là que quelques taches noires avec parfois un bras qui se dressait...

En quelques minutes tout fut fini et les pauvres diables qui n'avaient pas tout de suite coulé à pic furent roulés à la mort par la force terrible du courant. A mon grand étonnement, j'aperçus un indigène qui se maintenait à flot et qui nageait bravement vers la rive où j'étais. De la berge, je le suivis à mesure qu'il dérivait et j'observais avec une attention pénible les efforts du pauvre homme. Il semblait miraculeux qu'il pût jamais nager jusqu'à terre; mais il y réussit. On peut s'imaginer ma surprise quand je vis qu'un enfant, un petit garçon, de quatre ou cinq ans, était cramponné au cou de l'homme.

Émù et saisi d'admiration par cette prouesse, j'aidai le nageur à prendre pied et j'emmenai les deux survivants à ma hutte où je donnai à l'homme quelques verroteries que ses yeux semblaient convoiter. Je lui dis qu'il venait d'accomplir un exploit particulièrement remarquable et qu'il était un homme courageux d'avoir ainsi sauvé d'une mort inévitable un enfant impuissant.

— Oui, répliqua-t-il, il est sauvé. J'ai essayé bien des fois de lui faire lâcher prise..., mais il se cramponnait trop bien!

. . . .

Tony, de Kabinda, était au service d'un missionnaire, et malgré un passé notoirement orageux sa conduite était empreinte d'une pieuse dignité.

Un jour qu'il chassait l'éléphant en compagnie de plusieurs chefs de villages voisins, Tony, désirant fort se réserver l'animal, s'adressa au groupe d'hommes qui se trouvaient devant lui et leur cria :

— Retirez-vous du chemin... Passez derrière moi... Laissez tirer celui qu'anime la crainte de Dieu!

. . . .

J'abattis un jour un vieil éléphant dans la forêt, près d'Ibenza. Ce fut une occasion de réjouissances pour les naturels. En quelques heures, le puissant animal fut réduit à l'état de squelette, et une odeur de venaison emplit le village. Rassasiés de viande, les noirs se rassemblèrent autour de ma tente et demandèrent à voir mon fusil, cette arme miraculeuse. Le chef, en particulier, écouta avec intérêt mes explications qui furent interrompues par l'apparition d'un de mes hommes, le cuisinier zanzibarite, qui en pleurnichant me dit, en dialecte kiswahili, que ne comprenaient pas les indigènes :

— Ekh Bwana! Naona tabu sana Bwana! (J'éprouve de grands tourments, mon maître. Je suis malade dans mon corps.)

Je pris dans ma trousse un flacon de pilules, et j'en administrai une à l'homme, dose suffisante pour une constitution normale. Le chef Ibenza tendit alors la main, disant :

— Maa, na kulinga. (Donne-m'en aussi, homme blanc.)

Comme je voyageais avec une escorte très peu nombreuse, j'étais en réalité à la merci des naturels et je crus sage de me gagner les faveurs du chef en acquiesçant à sa requête. Je lui offris donc une pilule.

Roulant celle-ci dans la paume de sa main, il prit un air offensé : — Blanc! Tu ne m'en as donné qu'une, dit-il. A celui-là qui est un esclave, tu en as donné autant. Veux-tu traiter un chef comme tu traites ton esclave?

J'étais pris à l'improviste. Je lui exprimai mes regrets d'avoir paru faire si peu de cas de sa dignité, et, pour répondre aux exigences de la situation, je lui donnai trois autres pilules. Avec un sourire satisfait, le chef tendit en avant sa main massive dans la paume de laquelle se perdaient les quatre petites pilules argentées, afin que l'assemblée vît bien de quelle manière j'avais reconnu la distinction de son haut rang. Puis les lançant avec calme dans sa bouche, il les mâcha délibérément et les avala avec toutes les apparences du plus vif plaisir.

Le lendemain matin, à l'aube, je me remis en route

GARÇON CONGOLAIS

D'après le buste en bronze de l'auteur.

ÉTUDE

D'après une statuette en bronze de l'auteur.

et quittai le village. Les indigènes se rassemblèrent en foule pour me souhaiter bon voyage, mais, dans la cohue... je cherchai en vain mon ami le chef Ibenza!

. . . .

Un jour que je me promenais dans ce même village écarté, mon attention fut attirée par les pitoyables lamentations d'une femme. Je la découvris affalée sur un monceau d'ordures-pelures de bananes, balayures, arêtes de poisson, immondices de tout genre, cuisant sous le soleil torride. La misérable créature paraissait plongée dans une extrême détresse. Son corps était barbouillé de sang et de fange, et la chair était littéralement arrachée de chaque côté de son visage, laissant les tempes à vif.

Dans son désespoir, elle s'était griffée et déchirée avec ses ongles. Sa douleur était vraiment poignante à contempler, et je cherchai à la consoler, mais en vain.

Me tournant vers un indigène qui se tenait debout non loin de là, je lui demandai dans le dialecte de l'endroit :

— Qu'a donc cette femme? De quelle sorte de maladie souffre-t-elle? Dis-moi vite les paroles pour expliquer ceci.

Le naturel haussa les épaules, et, avec un geste dédaigneux de la tête :

— Le bébé de cette femme est mort, dit-il, il y a quelques jours. Elle se saigne de chagrin, c'est tout.

De chagrin! Le pathétique de cette scène aurait ému un cœur de pierre. Là, à mes pieds, j'avais une révélation de sensibilité sauvage, chez un être appartenant à une race cruelle et cannibale. Cette femme, cette mère avait chéri et aimé son enfant; cette sauvagesse éplorée, ignorante de toute foi, se lamentait sur la mort de sa progéniture.

. . . .

C'était le soir, et nous avions, ce jour-là, franchi de nombreux milles sous l'ardeur du soleil tropical. Mes porteurs, assis autour des flammes joyeuses d'un feu de grosses bûches, se racontaient leurs différents exploits. L'un se proclamait « le plus grand chasseur de buffles de tout le Ngembi ». L'autre relatait les hauts faits qu'il avait accomplis à la guerre. Un troisième racontait comment il avait tenu tête à un éléphant furieux et l'avait abattu d'une charge de cailloux tirée avec son vieux fusil à pierre. Soudain, une bûche crépita, lançant une pluie d'étincelles, et mes intrépides discoureurs disparurent comme une volée de moineaux...

. . . .

Bien qu'on rencontre rarement, chez les indigènes de l'Afrique centrale, le sentiment véritable de la gratitude, dans l'acception ordinaire de ce mot, il ne faut pas croire que cette vertu soit étrangère à leur nature. Voici un exemple amusant du contraire que me fournit un naturel qui souffrait d'une maladie de peau. A force de remèdes simples, je réussis à le guérir, et je lui déclarai après un mois qu'il était remis et capable de retourner chez lui.

— Oui, ô blanc! répliqua-t-il. Mais que vas-tu me donner en paiement? Je suis resté longtemps avec toi :

une lune entière s'est écoulée, comment vas-tu me payer pour tout ce temps?

. . . .

Sur la place du marché, les habitants de la contrée environnante sont rassemblés, achetant, vendant, marchandant. Chaque individu pérore, tout à fait insoucieux de savoir si on l'écoute.

Bientôt, je perçus un bruit de voix courroucée. Le chef fumba disait au chef lutété :

— Combien ton peuple est misérable! Un chef de peuple aussi pauvre n'est pas un vrai chef. Ne souffres-tu pas de la faim? N'as-tu pas froid, la nuit, sans rien pour te couvrir? Et tes morts, n'est-il pas dur de les mettre dans la terre sans linceul autour du corps? Et tes enfants, donc!... Mais nos esclaves à Fumba possèdent plus de biens que ton peuple de Lutété.

Dans sa réponse enflammée, j'entendis le chef lutété faire allusion au prochain marché de Nkandu.

— Tes paroles sont des paroles d'envie, ripostait-il. Au marché de Nkandu, nous te prouverons que tu mens, que tes paroles ne sont pas vraies. Tu verras, ô chef, tu verras au prochain jour de marché!

Cette menue dispute m'intéressa et j'eus grand soin de ne pas manquer le marché suivant. Tout s'y passa comme d'habitude jusqu'au milieu de la journée. Soudain montèrent des exclamations de surprise et d'émerveillement. En signe d'étonnement, les mains se plaçaient devant les bouches ouvertes, tandis que les gens contemplaient un long cortège qui gravissait lentement les lacets de la colline. C'était le peuple lutété qui, pour réfuter les sarcasmes du chef fumba, venait faire parade de ses richesses et de ses biens.

Il y avait là environ deux cents hommes et femmes, et le chef, qui les conduisait en personne, était fort somptueusement accoutré. Il arborait une ombrelle écarlate bordée de dentelle dorée. Sur sa tête il avait campé un casque de « horse guard ». Il avait pour collier la monture d'un tambourin dont les petites cymbales de cuivre tintaient, et sur son torse nu, il avait passé une tunique rouge de la milice anglaise. Son costume se complétait de quelques mètres de cotonnade multicolore enroulée autour de la taille et dont les extrémités traînaient dans la poussière derrière lui. La défroque de ses compagnons n'était pas moins ahurissante, et l'ensemble formait une collection d'oripeaux si variés qu'un brocanteur du Temple aurait pu y faire un choix complet; le tintement des clochettes, les salves belliqueuses tirées avec de vieux tromblons, l'invraisemblable destination infligée à certains vêtements, tout cela formait un tableau difficilement oubliable.

Sans qu'un mot fût prononcé, la mascarade déboucha sur la place du marché, et, de l'allure la plus noble, elle passa à travers la cohue des spectateurs muets d'admiration; elle se retira dans l'ordre où elle était venue, sans que personne ait desserré les dents, et tous, dans un silence que nul ne troublait, nous la regardions descendre l'étroit et sinueux sentier qui la ramenait à son village, dans la vallée.

IDYLLE

Statue en bronze par l'auteur.

UN CŒUR DE CANNIBALE

C'était l'heure de la sieste dans le village des Bangalas. Depuis le matin, le soleil avait répandu ses torrides ardeurs et l'air était devenu si chaud et si suffocant que, endormis sur le sol poussiéreux, à l'abri des auvents de leurs huttes, les sauvages immobilisaient leurs corps en des attitudes abandonnées. La chaleur était telle, que les oiseaux et les papillons se réfugiaient sous la fraîcheur des feuillages, et le ronflement des dormeurs rompait seul le lourd silence du village.

D'un buisson voisin émergea soudain le buste souple et nu d'un jeune sauvage. Sa lance à lame large, et ses ornements de métal scintillèrent sous l'éclatante lumière et son panache de plumes s'agita quand il s'avança vivement pour épier les dormeurs.

Ne trouvant pas sans doute ce qu'il cherchait, il se dirigea vers une hutte disloquée et appela doucement :

— Balala! O! Balala!

Immédiatement, de l'intérieur sombre, surgit une grande et belle fille. S'approchant du jeune homme avec un sourire heureux, elle dit :

— Makwata! Hé! Toi! As-tu une bonne ou une mauvaise nouvelle?

— Balala, mon bel oiseau, je suis venu dire des

bonnes nouvelles. Viens, allons où personne ne peut nous entendre.

Les jeunes gens s'éloignèrent ensemble et se trouvèrent bientôt dans un fourré de palmiers rabougris, loin des oreilles et des regards indiscrets. Pendant un moment, le jeune homme, avec une silencieuse admiration, contempla la beauté noire.

— Quelle est la grande bonne nouvelle? s'enquit Balala, caressant d'un air pudique sa chevelure nattée, et, s'emparant d'une feuille verte qu'elle se mit à déchiqueter en menus fragments.

Jetant de côté sa lance, Makwata posa sa main sur l'épaule de Balala.

— Ce matin, quand le soleil fut levé, je suis allé loin dans la forêt pour trouver du gibier. J'étais parti seul. Je me frayais un chemin au milieu des buissons épineux, quand j'entendis un grognement. Je m'avançai sans bruit. Devant moi, un vieil éléphant mâle, avec de longues défenses brillantes, dormait, appuyé contre une fourmilière monstre. En voyant ces grandes défenses reluisantes, je pensai à toi, Balala. J'avais à ma portée deux défenses assez grosses pour t'acheter à ton avare de père. C'est un esprit bienfaisant qui m'avait conduit là. Je serrai ma sagaie, celle que tu vois là sur le sol, et, d'un seul coup, j'enfonçai la lame tout entière dans l'épaule de l'éléphant à l'endroit qui tue si vite. Ensuite, je bondis de côté, et je vis le grand animal se secouer, chanceler, tomber et mourir.

— Quoi! Il est mort! Tu as tué l'éléphant? Oh! Makwata, c'est vraiment un esprit favorable qui t'accompagnait aujourd'hui. Brave Makwata! Bon Makwata!

Et Balala croisa ses bras autour du cou de son prétendant, le regardant avec une expression d'admiration et d'amour.

— Mais, Makwata, es-tu sûr que ce soit une bonne affaire de donner en paiement à mon père, pour m'avoir, deux aussi précieuses défenses d'ivoire? Avec ces défenses tu pourrais certainement acheter deux, sinon trois femmes plus fortes pour le travail, au dos plus large pour porter les fardeaux.

— C'est vrai, Balala, mais pour moi tu vaux davantage que toutes les autres femmes. Ton rire, ta bonne humeur, ta jolie figure et ton beau corps seront à moi. Voilà déjà tant de moroses lunes que j'étais pauvre, trop pauvre pour t'acheter. Pendant tout ce temps, j'ai vécu dans la crainte constante que mon ennemi Mueli te prenne. Il a jeté ses regards sur toi, et n'est-il pas un chef, et n'a-t-il pas beaucoup d'esclaves et de défenses d'ivoire? Mais, maintenant, ma crainte est passée, car demain, quand le soleil sera haut, je verrai ton père et paierai le prix qu'il demandera. Alors, Balala, tu seras mon épouse.

Balala battit des mains comme une enfant ravie.

— C'est la pleine lune, à présent. Dans quatorze jours, elle sera partie. Songe donc, Makwata, que nous pourrons être mariés le jour de la nouvelle lune. Tous les grands sorciers de notre tribu ne disent-ils pas que la félicité est assurée aux mariages conclus à la nouvelle lune?

— C'est vrai. Dans quatorze jours, *muni ami,* mon oiseau, nous mangerons au même plat. Demain, je commencerai à bâtir une hutte, et je pêcherai pour toi et je chasserai pour toi, ma Balala.

— O Makwata, mon cœur bondit de joie. Vois les larmes de bonheur qui sont dans mes yeux.

Ils continuèrent ainsi à s'entretenir de leur bonheur futur, jusqu'à ce que le soleil eût de beaucoup dépassé le zénith; ses rayons transperçaient obliquement le fouillis des palmes, projetant sur le sol tout un treillis d'ombres. Dans le village quelques enfants nus s'éveillèrent et se mirent à gambader et à feindre un combat avec leurs petits arcs et leurs flèches de roseau. Au moment où les amoureux se séparèrent, un chien blessé passa près d'eux, aboyant et hurlant; quelque méchant gamin avait planté dans sa carcasse une flèche adroitement lancée.

L'éléphant tué par Makwata procura à tous un ample festin de viande au fumet violent, et pendant tout l'après-midi l'air fut plein de l'odeur de chair grillée, et partout retentissaient des clameurs et des rires joyeux. Un estomac plein donne de la gaieté à ces pauvres et sauvages habitants de la forêt africaine.

Le soir quand le soleil fut couché, et que les lucioles commencèrent à scintiller comme des diamants dans les buissons, un immense tambour fit bourdonner son assourdissant appel pour la danse nocturne en l'honneur du festin.

Bientôt des centaines de pieds nus battirent le sol, marquant la cadence au rythme d'une étrange mélopée,

VILLAGE INDIGÈNE, BANGALA

Photographie de l'auteur.

dans laquelle les riches basses des hommes formaient, pour ainsi dire, l'écho des voix aiguës des femmes. Des rangs de sombres corps nus, brillants de sueur, avançaient et reculaient en mouvements sinueux, sous le luxuriant feuillage des palmiers gracieux et des bananiers. Surmontant le bruit cliquetant des ornements, les tambours de peau de chèvre résonnaient à l'unisson des gros tambours de bois creux, dont le bruit profond et sonore se répercutait dans l'atmosphère claire de la nuit.

Dans la troupe des convives puérilement joyeux, Balala, l'heureuse et fière favorite de Makwata, était la danseuse la plus légère. De temps à autre elle levait les yeux vers la lune décroissante, en songeant que le temps s'écoulait bien lentement.

Makwata, le héros du jour, était absent ce soir-là. Dans la grande forêt sombre, il gardait les précieuses défenses d'ivoire avec lesquelles, au lever du soleil, il achèterait Balala. Lui aussi il regardait parfois la lune qui brillait faiblement à travers le feuillage, et il se représentait le corps agile et souple de sa jeune favorite, pirouettant et sautant au milieu des danseurs les plus animés. Son cœur sauvage s'adoucissait sous l'influence de l'amour.

Peu à peu le croissant s'amoindrit au ciel. Après avoir conclu heureusement son marché avec le père de Balala, Makwata s'était mis à construire sa hutte avec des bottes de grands roseaux et à la couvrir ensuite avec des palmes entrelacées. Il contemplait maintenant sa future demeure, complètement terminée, jusqu'au foyer à trois pierres sur lequel, au-dessus des brèches flambantes, on poserait la marmite familiale.

Enfin, le jour tant attendu de la nouvelle lune arriva. La journée s'annonçait grise et pluvieuse, et Makwata décida de profiter des circonstances favorables pour employer la matinée à pêcher afin d'être abondamment pourvu de victuailles pour son repas de noces.

Plus joyeuse que de coutume, Balala passa la matinée avec ses parentes, qui, tout en jacassant, nattèrent et coiffèrent les cheveux crépus et laineux de la jeune fille, s'aidant d'une longue brochette de fer et oignant les nattes avec de l'huile de palme rouge.

Revenant de la pêche, vers midi, Makwata amarra sa pirogue à la branche d'un arbre surplombant l'eau, et sauta sur la rive avec un panier plein d'anguilles grouillantes et de poissons frais. Il se sentait le cœur léger et l'esprit de bonne humeur, car, ce même jour, au coucher du soleil, Balala viendrait partager sa hutte. En suivant les rues étroites et sales du village, encombrées de femmes aux traits grossiers, à l'expression cruelle, il se disait, que dans toute sa tribu, il n'y avait pas de plus jolie ni de plus radieuse fille que Balala.

— Pstt! Pstt! Makwata, fit une vieille ridée, assise sur un tas d'herbes pourries, au bord du chemin. Makwata, je suis malade et j'ai faim. Vois mes bras faibles et regarde mon visage misérable. Je suis une esclave, donne-moi à manger, Makwata, je t'en prie.

Le jeune homme jeta près de la vieille un poisson scintillant et poursuivit sa route.

Peu après, le village fut réveillé par les éclats d'une

voix furieuse. Avec des malédictions et des cris de rage, Makwata bondissait de rue en rue, la lame de sa lance en arrêt. Ses membres tremblaient, et sa gorge n'émettait plus que des rugissements inarticulés.

Balala avait disparu.

Soupçonnant aussitôt quelque trahison, Makwata s'était lancé à la recherche de son rival et ennemi Mueli.

Il se précipitait d'une hutte à l'autre, dans un état d'indescriptible frénésie. Sa voix rauque et ses traits contractés causaient de vives alarmes parmi les femmes, qui s'enfuyaient avec leurs enfants sur les bras, et en poussant des cris aigus. Les hommes prenaient tranquillement leurs couteaux et leurs sagaies, en prévision de violences.

La recherche fut vaine : Mueli avait aussi disparu.

Avec un rugissement d'angoisse, Makwata se jeta sur le sol, au pied du grand cotonnier, à quelque distance du village, et il grinçait des dents. Pendant qu'il se tordait là, en proie au désespoir le plus violent, la vieille à qui il avait donné un poisson sortit des buissons et s'approcha silencieusement de lui.

— Makwata!

Surpris par cet appel, Makwata fut d'un bond sur ses pieds et prit un air farouche.

D'un ton mystérieux la vieille lui parla :

— Écoute mes paroles avant de me regarder d'un œil si menaçant. Ton cœur est triste, car on a agi traîtreusement envers toi. Makwata, je sais où se cache Mueli. Je l'ai suivi. C'est avec lui que tu trouveras Balala.

— Où sont-ils? Parle vite, femme, car mon sang bout.

— Prends ta sagaie la plus forte, Makwata, et pars droit à travers la forêt, dans la direction où le soleil se couche. Il n'y a pas de sentier. Va droit devant toi et tu les trouveras. Règle alors ta querelle avec Mueli. C'est un ennemi au cœur mauvais pour toi et pour moi.

Sans un mot, Makwata s'élança dans la forêt sombre, tenant sa lance et son couteau au fil tranchant. La vieille le suivit des yeux, et avec un gloussement satisfait, elle marmonna, en regagnant les buissons :

— Ne t'ai-je pas payé ton poisson, Makwata? Puisse ton bras être fort.

Au loin dans la forêt, parmi des arbres énormes, au milieu d'un véritable labyrinthe de lianes, sur le bord d'un cours d'eau, Mueli contemplait avec calme les contorsions d'une femme qui se débattait à terre, les membres solidement attachés avec de souples lianes.

Ses traits prirent une expression brutale et cruelle, quand, avec un ricanement, il dit, s'adressant à la malheureuse :

— Tes liens ne se rompront pas, et tes cris sont inutiles. Écoute-moi bien. Je vais te laisser ici, et je retournerai au village tuer Makwata. Et je reviendrai demain, et tu seras l'une des femmes de Mueli, le chef bangala.

Balala continuait à se débattre et à crier, et la forêt retentissait de ses apoels :

— O Mama! Hé! Makwata! Hé!

Un bruit de branches qui se brisent et s'écartent, et

JEUNE FILLE DE BAKONGO

Buste en bronze par l'auteur.

Musée du Luxembourg, Paris.

Makwata bondit en avant. Parvenu à quelque pas de Mueli, il lança son arme avec une force décuplée par la fureur, mais, dans cet effort, il trébucha contre une liane et chancela. Au même instant, son sang se glaça, au cri perçant que poussa Balala.

La sagaie avait dévié et au lieu d'atteindre Mueli, l'arme avait transpercé le corps de Balala.

Complètement affolé, Makwata serra la poignée de son couteau et sauta sur Mueli, qui, du manche de sa lance put détourner le coup; mais il ne para pas aussi facilement celui qui suivit aussitôt. Avec un bruit sourd la lame de Makwata s'enfonça profondément dans le crâne de son adversaire qui s'affaissa sur le sol et son cadavre descendit la berge, en roulant jusqu'au cours d'eau.

Saisissant Balala dans ses bras, Makwata constata qu'elle était inanimée.

Elle perdait abondamment son sang par la blessure que la sagaie de son fiancé lui avait faite.

Bien qu'à demi paralysé par la douleur, Makwata coupa les liens et s'efforça de son mieux d'arrêter l'hémorragie avec de l'eau fraîche et des feuilles.

A la fin, la jeune fille ouvrit ses grands yeux doux, et, regardant Makwata, elle murmura avec un sourire triste :

— Les esprits mauvais, Makwata; ce sont les esprits mauvais.

Makwata poussait des gémissements désespérés. Avec un effort, Balala souleva sa main, et elle indiqua une brèche dans les feuillages.

— O Makwata! Regarde le ciel... Que vois-tu? N'est-ce pas notre nouvelle lune?...

Son bras retomba, ses yeux se fermèrent, et, dans un frisson, elle rendit à la nature sa petite âme simple.

UNE CHASSE A L'ÉLÉPHANT

La chasse à l'éléphant, faite seule et à pied, est un sport admirable.

Pendant que je résidais à Bangala, sur la rive nord du haut Congo, à un millier de milles dans l'intérieur du continent, j'entendis souvent parler, par les naturels, du grand nombre d'éléphants qu'on trouvait dans les forêts de Mobunga, sur la rive opposée du fleuve.

Je m'embarquai donc un jour pour Mobunga dans une grande pirogue de guerre, montée par vingt-cinq pagayeurs bangalas. Après une longue journée de navigation — car, à cet endroit, le haut Congo a une largeur de vingt milles — nous approchâmes de la rive méridionale qu'envahissait la forêt basse. De minces colonnes de fumée bleue qui voltigeaient en spirale au-dessus des cotonniers géants nous permirent de reconnaître bientôt la situation du village.

Jamais aucun blanc n'avait encore visité cette contrée et j'étais loin de compter sur un accueil amical de la part de ces cannibales. Mes craintes se justifièrent vite, car, à peine étions-nous parvenus en vue du village, que notre apparition fut saluée par des hurlements et des vociférations sauvages. Des naturels armés se précipitèrent sur la berge et s'installèrent rapidement dans plusieurs pirogues de guerre, tandis que d'autres se rangeaient sur la rive, la sagaie levée dans notre direction.

Devant cet accueil, mes espoirs de chasse à l'éléphant paraissaient sérieusement compromis, et mes compagnons bangalas, fort au courant des coutumes sauvages, conseillaient une prompte retraite. Toutefois, au moment critique, alors que toute chance d'échapper semblait perdue et que les pirogues ennemies nous coupaient la retraite, le chef mobunga apparut sur la rive. Élevant la voix au-dessus du vacarme, il cria :

— Benu bokuling undi? I tumba, ekh? (Que voulez-vous? Venez-vous pour combattre?)

Des explications s'ensuivirent, pendant que la cohue cannibale nous épiait d'un œil soupçonneux.

— Nous venons en amis, — répondit le chef de mes compagnons bangalas, s'exprimant dans le dialecte mobunga. — Nous venons visiter ta contrée parce qu'on nous a dit qu'il y avait beaucoup d'éléphants. Si tu veux croire que nous sommes des amis, venus avec des intentions pacifiques, et si tu nous permets d'aborder, notre homme blanc te montrera l'arme étrange qu'il apporte et avec laquelle il tue les éléphants. Nous-mêmes avons vu le pouvoir de cette arme, et il est grand. Laisse l'homme blanc aller au milieu de vous et tuer des éléphants, et la viande vous restera comme nourriture. Pensez, ô gens de Mobunga! Pensez à vos estomacs bien pleins de bonne viande d'éléphant!

CROQUIS DE MOBUNGA

Dessin de l'auteur.

Ce discours plein de tact produisit une impression favorable. La simple mention du mot *viande* eut, en réalité, un effet immédiat et les cris de défiance se changèrent bientôt en un murmure confus d'empressement aimable.

En abordant, nous fûmes entourés par une foule pressée de noirs nauséabonds qui menaçaient de m'étouffer. J'étais tiraillé et poussé en tous sens, tandis que de larges pattes sales me tripotaient comme pour s'assurer que mon étrange personne était réelle. Ma patience subissait une rude épreuve et j'atteignis au summum de ma misère quand, après d'éloquents et mielleux discours, pompeusement baragouinés par le chef et ses lieutenants, je dus me soumettre à la cérémonie de la fraternité du sang avec Ozoïo, le chef mobunga.

Une incision fut pratiquée au bras droit de chacun de nous et le sang qui en coula fut recueilli et mélangé dans une large feuille, qu'on roula ensuite en forme de cigare ; on la coupa en deux et on nous en tendit à chacun une moitié pour la manger. Cette cérémonie, gage traditionnel de bonne foi, fut accompagnée de clameurs incessantes et du furieux tintamarre des tambours : nous étions proclamés publiquement frères du même sang.

La nuit tombait et, fort désireux d'éviter la suite des formalités de ce protocole, je persuadai le chef de me donner six de ses meilleurs hommes pour me guider jusqu'à l'endroit de la forêt où j'avais chance de rencontrer des éléphants. Les pourparlers s'éternisèrent et il était environ dix heures du soir quand on arriva enfin à prendre une décision.

Prenant mon fusil et ma cartouchière, et accompagné de six noirs de fort mauvaise mine, portant chacun une torche, j'entrai dans la forêt ténébreuse. Exténué et les nerfs tendus à l'excès, j'étais heureux à l'avance de goûter quelques heures de paix et de tranquillité relatives. Pendant plus d'une heure, nous avançâmes à la file en trébuchant jusqu'à un bizarre petit village où je remarquai que la plupart des portes des huttes étaient faites d'oreilles d'éléphants suspendues au-dessus de l'ouverture par une ligature de lianes. De grands pieux fermement fixés dans le sol entouraient le village pour protéger, me dit-on, les huttes contre les éléphants. La précaution paraissait parfaitement justifiée, car, aux alentours, le sol marécageux était sillonné de profondes traces laissées par le passage des grands animaux.

Comme mes guides, selon la coutume africaine, jugèrent nécessaire de s'accroupir et de relater d'un bout à l'autre aux habitants de ce campement forestier toute l'histoire de mon arrivée, nous attendîmes là quelque temps. Ce ne fut qu'après de longues récriminations que j'obtins qu'on se remît en marche. A tout instant, il fallait enjamber des troncs d'arbre tandis que les branchages épineux nous écorchaient ou que les lourds festons des lianes nous meurtrissaient.

Nous dûmes franchir une certaine distance, enfoncés jusqu'aux genoux dans une vase infecte, quand, à ma grande surprise, un canot vide surgit soudain. Nous

nous installâmes dans la frêle embarcation, et commençâmes à nous pousser et à nous haler à travers les végétations. A de fréquents intervalles, nous étions forcés de débarquer et de passer le canot par-dessus des racines monstrueuses ou des arbres abattus, ce qui ne se faisait pas sans de violentes discussions et des pertes de temps. C'était exaspérant, et je puis en toute sincérité affirmer que la navigation à travers la forêt africaine, la nuit, est un exercice exténuant! Des bruits soudains indiquaient la fuite de singes ou d'oiseaux surpris, et le craquement des branches et l'éclaboussement de l'eau trahissaient la présence des éléphants. L'air était humide et froid; des frissons me parcouraient le corps et mes dents claquaient. Des nuées de moustiques nous assaillaient, et, comme nous avancions en nous aidant des branches basses, nous étions fréquemment harcelés par de mauvaises fourmis rouges. Ce fut un trajet lugubre, et j'éprouvai un réel soulagement quand nous débouchâmes dans un espace relativement clair, encore qu'il fût couvert de grands bambous hauts d'une vingtaine de pieds; mais je pouvais au moins entrevoir de temps à autre le ciel étoilé. Le chef de mes guides m'informa que nous étions arrivés. Nous avions enfin atteint le fameux endroit favori des éléphants, dont j'avais tant entendu parler.

Mes compagnons s'en retournèrent avec le canot, promettant de revenir le lendemain, au jour, pour emporter la viande! Étant entièrement à leur merci, j'acquiesçai aussi allégrement que je pus, et je gagnai la rive faite de vase gluante.

Oke! — Eo, oke, o! (O toi! nous partons, nous partons!)

Je répondis à leur adieu et j'écoutai tristement s'éloigner les voix de mes guides. Debout dans l'eau froide jusqu'aux chevilles, glacé et fourbu, jamais je ne m'étais senti aussi peu enclin à chasser. Entouré par l'immense forêt vierge, à une journée de voyage de mon seul camarade blanc à Bangala, en pleines ténèbres, dans un pays d'anthropophages capricieux, le sentiment de ma solitude devint de plus en plus accablant à mesure que la nuit s'avançait. L'ouïe surmenée, le moindre bruit dans la forêt me causait un tressaillement involontaire. Les grands arbres, dont la silhouette se détachait contre le ciel étoilé, revêtaient des formes bizarres et j'éprouvais une grande difficulté à bannir une crainte nerveuse intense.

Après avoir pataugé quelque temps, je découvris enfin une brèche qui paraissait être un passage d'éléphants. Les roseaux étaient écrasés dans le sol vaseux sur une largeur de quatre pieds environ, et ce sentier coupait en deux le fourré de bambous. De chaque côté les roseaux poussaient si drus qu'il me fut à peu près impossible d'y pénétrer. Je décidai de rester dans ce sentier frayé, jusqu'au jour, quand il me serait possible de voir les éléphants, et m'exhortant vainement à la patience, je m'accotai contre les tiges et les épines. Des rafales de vent sifflaient dans le feuillage, et peu à peu le ciel se couvrit. La pluie commença à tomber et bientôt le ciel fut déchiré en tous sens par de terrifiants éclairs, auxquels succédaient de formidables roulements de tonnerre.

ÉLÉPHANT MORT

Dessin de l'auteur.

L'orage tropical arrivait apparemment couronner mes misères. Dans le vacarme de l'ouragan, j'entendais distinctement les éléphants qui se frayaient une route dans la forêt, afin de gagner sans doute un espace découvert où ils seraient à l'abri de la chute des arbres.

Grâce aux éclairs intermittents, j'entrevoyais une forme fantomatique qui approchait du fourré de bambous, et, à mesure que l'orage redoublait de violence, la galopade affolée des pachydermes fuyant dans toutes les directions à travers l'épaisseur des bambous me causait une sensation désagréable. Il me semblait que leurs pieds énormes et pesants barbotaient à côté de moi, et j'entendais nettement les cris aigus des jeunes éléphants effrayés qui trébuchaient et s'écroulaient dans le marécage.

L'orage cessa aussi vite qu'il était venu, et dans l'accalmie on ne percevait d'autre bruit que celui de la chute des branches mortes et de l'eau qui s'égouttait des feuilles. Les éléphants paraissaient immobiles et bientôt l'air bourdonna de l'éternelle fanfare des moustiques.

Aux premières lueurs de l'aube, je repris quelque courage. Avec la manche déchirée de ma chemise trempée, j'essuyai soigneusement la boue qui souillait mon fusil.

Il faisait trop sombre encore pour que je pusse distinguer les alentours, mais j'entendais les éléphants qui s'ébrouaient de tous côtés. Me glissant au long du sentier vaseux, je discernai bientôt la silhouette d'une tête d'éléphant, et le dos de la bête qui se découpait nette contre le ciel grisâtre. Il était impossible avec si peu de clarté d'évaluer la distance. Mais le jour croissait à tout moment et me facilitait le repérage.

Deux ou trois fois, tandis que j'avançais avec circonspection, le sourd grondement, particulier aux éléphants, me fit tressaillir.

Le fourré de bambous formait un port de refuge pour ces animaux pendant la tempête, car, autour de moi, des bruits caractéristiques signalaient leur présence. Parvenu à une vingtaine de pas de ma bête, je pus tout juste voir avec quelque précision les oreilles qui s'agitaient pour mettre en fuite les moucherons et les moustiques. Sa trompe fourrageait distraitement dans les bambous écrasés comme pour y chercher de jeunes pousses bonnes à manger.

Je ne tardai pas à remarquer, chez l'animal, une croissante inquiétude, comme s'il eût été conscient de quelque danger. Levant sa trompe en l'air, il lui fit décrire plusieurs cercles, renifla dans diverses directions, et finalement tourna sa tête droit vers moi. Comprenant que ma présence était découverte et qu'il n'y avait pas une seconde à perdre, je visai posément le défaut de l'épaule gauche et tirai. Le recul de mon arme à gros calibre me fit presque culbuter en arrière, et, pendant qu'enveloppé de fumée, je faisais effort pour me maintenir debout dans le sol vaseux, mes oreilles étaient assourdies d'un tumulte retentissant. La détonation se répercutait étrangement à travers la forêt, et les éléphants affolés partaient au galop dans toutes les directions, se frayant brusquement un passage à travers les épais fourrés, comme des locomotives géantes.

Quand j'eus repris mon aplomb, et me fus jeté de côté, hors du nuage de fumée, je vis l'éléphant qui se relevait lentement. Je me trouvais alors à moins de quinze pas de la bête et je me rendis nettement compte qu'il était nécessaire de lui envoyer le coup fatal.

Tremblant et surexcité, je visai en plein le front de l'animal, et me baissant aussitôt au-dessous de la fumée j'aperçus un jet de sang qui giclait de la blessure. L'énorme bête retomba lourdement sur le sol — elle était morte. Rechargeant en hâte mon arme, je lançai deux balles à un éléphant qui passait à toute allure auprès de moi, sans autre effet cependant que d'interrompre sa course. Il resta immobile un moment, me regardant et tortillant sa queue.

A cause de l'humidité ou de la boue, j'éprouvai de la difficulté à ouvrir de nouveau mon fusil, et malgré mes efforts frénétiques, je ne pus remuer le levier.

Je me souviendrai longtemps du sentiment d'absolu désespoir qui me saisit quand la bête blessée, les oreilles droites et la trompe repliée, se précipita en avant avec un cri aigu. Bondissant de côté, j'allai choir dans un trou boueux où une masse de branches et de lianes me recouvrit entièrement. Je restai là quelques instants, retenant mon haleine, écoutant les pataugements de l'éléphant blessé. A la fin, tout bruit cessa, et, avec le grand jour, ce fut partout le silence.

En vain j'essayai d'ouvrir mon fusil, la culasse était coincée et je me trouvais désarmé.

Les heures se traînèrent lentement. La faim, l'énervement, le manque de sommeil tout s'unissait pour m'inspirer des pensées morbides. Je grimpai sur le dos de l'éléphant mort et j'attendis impatiemment mes compagnons de la veille : aussi fut-ce avec une véritable joie que j'accueillis leur retour. Au lieu de six, cependant, il en revint des centaines dans des canots, et leurs exclamations de contentement devant l'éléphant tué étaient assourdissantes.

En un temps incroyablement court, l'immense carcasse fut dépouillée de toute chair. Avec une doloire indigène, on détacha du crâne les défenses et je m'embarquai dans un canot chargé jusqu'au plat-bord de viande fumante.

De retour au village, j'eus la contrariété d'apprendre que mes compagnons bangalas, pris de panique dans la nuit, s'étaient réembarqués en me laissant là. L'heureux résultat de ma chasse eut par bonheur l'effet de mettre mes hôtes de bonne humeur, et, à force de promesses distribuées à profusion, j'obtins une pirogue et quelques naturels mobungas pour rentrer à Bangala.

UN GROUPE A MOBUNGA

Photographié par l'auteur.

YOKA LE SORCIER

Yoka, le sorcier, exerçait une grande influence dans le pays. Son nom inspirait aux habitants superstitieux de la vallée du Lukungu un respect mêlé d'effroi.

Dès son jeune âge, paraît-il, Yoka manifesta une vivacité d'intelligence qui lui donna une grande avance sur ses pareils.

Alors que tous, autour de lui, étaient asservis par les superstitions, Yoka comprit promptement quels avantages offrait à ses talents la carrière de sorcier. Il eut tôt fait de se créer une situation enviable dans l'art de tromper les autres. En affectant diverses bizarreries de manières et de parole, il s'entoura artificiellement d'une atmosphère de mystère.

D'un coin obscur de sa hutte, Yoka tirait des provisions inépuisables de petits paquets mystérieux ornés de plumes, barbouillés d'ocre et dont l'efficacité n'était jamais mise en doute.

Il était devenu très riche. Sa profession lui valait des profits incroyables.

Les contemporains qui relataient l'histoire de Yoka racontaient que les femmes du sorcier étaient bien nourries et avaient la mine prospère, qu'il les choisissait parmi les fillettes les plus jeunes et les plus séduisantes du district et que sa hutte était la plus spacieuse et la mieux construite de tout le village.

Aucune goutte de pluie ne filtrait jamais à travers son toit, me disait-on à l'oreille, car les matériaux en étaient minutieusement choisis et mis en place avec le plus grand soin. Personne n'osait se déclarer ouvertement son ennemi.

A la manière des prêtres de l'ancienne Égypte, Yoka jugea convenable de donner à ses gestes un sens mystique, pour répandre la crainte et l'effroi dans les cœurs et imposer la soumission à ses caprices.

Il affirmait qu'il possédait le moyen de se mettre en relation directe avec Ndoki, l'Esprit Mauvais, et ces âmes simples, tourmentées des mystères de la vie, n'en doutaient pas.

Dans ce pays où l'existence est si précaire, où la vie est à tout moment mise en péril par les dangers et les maladies, on tente tous les efforts possibles pour se rendre propices les influences malfaisantes du Mauvais Esprit, considéré comme tout-puissant.

Faisant une diversion, avec la volubilité facile si particulière aux Africains, l'indigène qui me contait cette histoire se mit à décrire avec une délicieuse simplicité les préparatifs qui furent faits quand leur chef Ntoukou décida, pour régler quelque menue question, de faire une visite officielle au chef du district voisin, à deux journées de marche. D'après la description que j'entendais, il était facile de s'imaginer le remue-ménage et le tohu-bohu dans lequel se trouva le village à cette occasion; les étranges nippes qu'on endossa, toute une défroque d'uniformes hétéroclites importés d'Europe, et qu'on avait tenus soigneusement cachés dans les coins les plus retirés des huttes.

Pendant la première journée de marche, vers midi, le soleil étant trop ardent, la troupe fit halte à mi-côte d'une montée, sous l'ombre d'arbres feuillus. De là, quelqu'un du cortège, à la vue perçante, aperçut dans le lointain la forme d'un éléphant qui broutait nonchalamment dans les hautes herbes de la plaine.

Le chef Ntoukou, chasseur redoutable, se débarrassa de ses oripeaux et partit vers la plaine avec son long fusil à pierre. Sous les yeux de sa suite, qui l'épiaient, le chef s'approcha avec circonspection de sa proie. Parvenu à une distance favorable, Ntoukou épaula son antique mousquet et fit feu. Pendant un moment, toute la scène fut enveloppée dans un nuage de fumée.

Quand elle se fut dissipée, on aperçut l'éléphant la tête relevée, et le chef qui se débattait, empalé sur une des défenses de l'animal. Celui-ci, laissant retomber le corps mutilé, s'éloigna tranquillement dans la direction de la forêt lointaine.

Bien que la défense de l'éléphant l'eût transpercé, le chef n'était pas mort et il demanda qu'on le ramenât au village.

Une litière sommaire fut vite construite; une demi-heure avant la nuit, Ntoukou fit un geste de la main et, par signes, demanda sa pipe. Pendant tout le temps qu'il fuma, ses yeux restèrent rivés sur le soleil couchant. Au moment même où l'astre disparaissait derrière une chaîne lointaine de collines, la pipe tomba des lèvres du chef : il était mort...

Ici, le narrateur revint à Yoka, parvenu à un tournant de sa carrière. Selon la coutume du pays, le cadavre du chef fut enveloppé dans des centaines de mètres de cotonnade, et pendant les jours de deuil qui suivirent, alors que les femmes hurlaient leurs lamentations, Yoka prépara l'exécution d'un projet ténébreux, grâce auquel il pourrait accuser les ennemis de s'être ligués avec l'éléphant pour perpétrer le meurtre du chef.

Mais, cette fois, Yoka présuma exagérément de son influence. En vain multiplia-t-il les menaces, les promesses, les concessions. Tout fut inutile. Son pouvoir était détruit.

Il paraît qu'un soir, pendant que les anciens du village étaient rassemblés autour du feu, Yoka se glissa auprès d'eux sans être observé. Puis, bondissant vers le feu en levant au-dessus de sa tête un petit baril de poudre, le désespéré régla d'un seul coup toutes les questions d'influence, de pouvoir et de malfaisance.

Un immense éclair, une détonation assourdissante et l'assemblée fut réduite en miettes.

Le lendemain, je passai sur le lieu de l'explosion et je vis les arbres sans feuilles...

LE SORCIER

D'après la statue en bronze de l'auteur.

LA TRIBU « SINGE »

Ce fut une lamentable erreur de la part du capitaine X*** de laisser seulement trois de ses soldats nègres pour occuper le village qu'habitait la peuplade sauvage des Basokos, la tribu « singe » de l'Afrique centrale.

Désirant créer un poste avancé dans ce village, il agit avec la conviction que les naturels ne molesteraient pas une force aussi peu redoutable, alors qu'en installant une troupe plus nombreuse, il risquait, en toute probabilité, d'exciter l'hostilité du peuple basoko, qui est d'un caractère farouche.

La tribu « singe » n'avait jamais été subjuguée. Les Basokos n'avaient jamais entendu la détonation des armes à feu, et ils se pavanaient encore avec des attitudes arrogantes dans les ruelles de leur malpropre village, la tête ornée de touffes de plumes, et murmurant des paroles caressantes à leurs sagaies aiguës et scintillantes.

Le capitaine passa en revue sa petite compagnie de soldats houssas, venus de l'Afrique occidentale.

— Caporal Alakaï!

— Oui, moussou.

— Sapristi, caporal, où est ton pantalon?

— Les indigènes, moussou, la nuit pendant que moi dormais, ils ont fait un vol à moi, moussou.

— Sale blague!... Ali Boussi!... Tété Clever! Avancez!

Les trois nègres, différents de stature et de carrure, attifés d'uniformes en loques aux couleurs criardes, sortirent des rangs et saluèrent.

— Attention! Caporal Alakaï, je vais te laisser ici avec Boussi et Clever. Dans quelques mois je reviendrai. Astiquez vos fusils tous les jours. Voici des cartouches. Mais ne vous battez pas. Voici encore des perles de verre pour vous acheter de la nourriture. Le chef m'a promis d'être votre ami. Sacrebleu! Ali Boussi, fixe! Voilà que tu attrapes des mouches pendant que je donne des ordres. Caporal Alakaï, voici le drapeau!...

Le capitaine belge, qui prononçait cette harangue en mauvais anglais, remit alors au caporal un pavillon déteint, bleu, avec une étoile d'or, emblème de l'État indépendant du Congo récemment créé. C'est ainsi que trois soldats nègres, originaires du Niger, furent laissés seuls au milieu des cannibales, pour représenter l'autorité de l'État.

Quand tout fut prêt pour le départ, les amarres furent larguées et le petit vapeur s'éloigna pour gagner le courant. Les voix rauques des trois Houssas qui, dans l'eau jusqu'à mi-corps, s'époumonnaient à crier des adieux gutturaux à leurs camarades, étaient complètement couvertes par les hurlements des sauvages qui dansaient gaillardement sur la berge. La petite bouffée de vapeur, suivie instantanément par un coup de sifflet aigu, provoqua une panique parmi les guerriers braillards.

Le même soir, les trois Houssas, avec une imprévoyance bien africaine, profitèrent de l'occasion pour s'offrir un festin de poisson fumé, de canne à sucre et d'autres douceurs dispendieuses dont l'achat fit une brèche extravagante dans leur stock exigu de perles de verre. Mais, après cette première ébullition de joie, le caporal Alakaï et ses deux compagnons, s'installèrent dans leur hutte et y vécurent paisiblement. Après qu'ils eurent inspecté minutieusement le bagage des soldats, les naturels ne firent plus guère attention à eux. Au début leur ignorance du dialecte local empêcha les Houssas d'entrer en conversations amicales avec leurs hôtes, mais ils avaient l'esprit assez subtil et prompt pour faire comprendre ce qu'ils voulaient.

S'ils étaient en apparence indifférents aux hommes, la partie féminine de la communauté en arriva vite à les considérer comme un objet continuel de curiosité. Les femmes basokos, esclaves horribles, rôdaient sans cesse autour de la case des Houssas, les montrant du doigt et entremêlant leur conversation et leurs réflexions par de fréquents éclats de rire gouailleurs.

Le milieu dans lequel se trouvaient les trois soldats noirs était caractéristique de la contrée. Il ne se passait guère de jours et de nuits sans une orgie sauvage, suivie généralement de quelque rixe sanglante. La forêt, adossée au village, retentissait continuellement des cris discordants et des plaintes des femmes que leurs tyranniques maîtres battaient.

Chaque jour, quand le soleil tropical les baignait de chaleur torride et d'aveuglante clarté, d'écœurantes vapeurs montaient des huttes trempées par les abondantes rosées nocturnes. Tout n'était qu'immondices et fange, et l'atmosphère était lourdement chargée de puanteurs horribles.

Un mois environ après leur arrivée à Basoko, le caporal Alakaï fut atteint d'un accès de fièvre. Un matin, pendant qu'il reposait dans sa hutte, poursuivant une conversation incohérente avec ses subordonnés, quelques naturels passèrent soudain leur tête par la petite ouverture qui servait de porte, disant :

— Yaka, sén-néen-né Ya-oukou. (Venez avec nous, venez sur la grande rivière.)

— Ola-ou? (Pourquoi?) — demanda Ali Boussi.

— Nous allons pêcher un beau poisson. Ya-oukou. Venez avec nous, amis, venez pêcher du poisson, invitèrent-ils, toujours dans leur dialecte.

Ali Boussi s'adressa à Alakaï d'un ton persuasif :

— Laisse-nous aller. Nous te rapporterons quelque bon poisson frais.

— Oui, ajouta Tété Clever, plaçant une gourde d'eau à la portée d'Alakaï.

— Il y a deux jours que tu n'as rien mangé. Laisse-nous aller te chercher un peu de bonne nourriture.

D'habitude alerte et actif, Alakaï était alors abattu, annihilé. Ses yeux fiévreux injectés de sang étincelaient, et il répondit languissamment :

INDIGÈNE DE BATÉKÉ

Dessin de l'auteur.

— Tor! Oui, amis, allez si vous voulez.

Quelques minutes après leur départ, Alakaï, en changeant de position, aperçut un paquet de petits fragments du Koran, enveloppés de cuir, comme en portent fréquemment les Houssas en guise de charmes pour les préserver du malheur.

— Allah! Ils ont oublié leur « hamalat »! Puissent-ils ne pas rencontrer la malechance, murmura-t-il.

Pendant toute cette journée, Alakaï demeura dans un état d'inertie absolue. Ses membres étaient endoloris, mais son cerveau restait lucide et, pendant les longues heures de midi, les heures les plus chaudes, les pensées du malade se reportèrent vers son pays, là-bas! Dans son imagination fiévreuse, il se représentait les plaisirs et les délices qu'il goûterait quand sa période de service au Congo serait terminée. Il sommeilla pendant l'après-midi et c'est le vacarme d'un immense tambour qui l'éveilla en sursaut, annonçant la nouvelle lune et invitant à la danse du soir.

Stupéfait de se trouver encore seul, Alakaï rampa jusqu'à la porte de sa hutte et de là, tout chancelant de faiblesse, il se dirigea vers le fleuve, le cœur angoissé d'un étrange pressentiment.

Le soleil venait de disparaître derrière les arbres, une brise fraîche se levait, et le vaste fleuve avait pris une couleur terne plombée. Portant la main au-dessus de ses yeux, Alakaï parcourut du regard la placide étendue d'eau, mais rien d'abord ne lui annonça le retour de ses compagnons. Scrutant toujours le crépuscule qui s'obscurcissait, il finit par distinguer une grande pirogue de guerre qui remontait le courant. Les naturels chancelaient en maniant gauchement leurs avirons à long manche, et éclaboussaient l'eau dans tous les sens.

Alakaï s'impatienta de leur lenteur. Peu après, quand parvinrent à son oreille les échos affaiblis d'un chant, il murmura nerveusement :

— Ils sont ivres! Ivres de vin de palme. Il y aura encore du carnage ce soir. Oh! Ali Boussi, reviens! Tété Clever, reviens...

Quand la pirogue s'approcha de la rive, Alakaï reconnut quelques-uns des naturels qui avaient invité ses compagnons à se joindre à eux; mais, à sa grande consternation, il ne voyait ni l'un ni l'autre de ses compagnons.

Avec des cris sauvages et des vociférations d'ivrognes, les pagayeurs lancèrent leur pirogue contre la berge. Alakaï fut sur le point d'appeler, de s'enquérir de ses camarades, quand une découverte imprévue lui glaça le sang : au fond de la pirogue, il distinguait, en un tas confus, des membres humains.

Immédiatement, il comprit que ses compagnons avaient été tués par les sauvages ivres, et cette crainte se confirma aussitôt quand il remarqua que plusieurs naturels avaient endossé les effets de ses camarades.

La pirogue n'était plus qu'à quelques pieds de la berge; une cohue de noirs surexcités s'assemblaient sur la rive, poussant d'horribles clameurs. Eux aussi avaient aperçu la provision de chair dans l'embarcation.

Alakaï frissonna de terreur. Il savait qu'après avoir massacré ses deux compagnons, les meurtriers l'égorgeraient à son tour. Se dissimulant dans l'ombre épaisse des huttes, il gagna prudemment la forêt, et là, il s'enfuit à toutes jambes, indifférent aux épines qui le déchiraient, trébuchant et culbutant dans l'obscurité, jusqu'à ce qu'il eût franchi une grande distance.

Trop affaibli pour continuer, il rassembla ses forces pour un dernier effort. A l'aide des lianes, il grimpa dans un arbre, dans les hautes branches duquel il s'installa pour se reposer. Épuisé, fourbu, il s'adossa contre le tronc, sa tête retomba en avant; ses membres étaient secoués de tremblements fébriles et ses dents claquaient.

Seul, dans la forêt sans limites, rongé par la fièvre, sans nourriture, il songeait que la station d'État la plus proche était à une distance de plus de cinq cents milles (800 kilomètres).

Sa position désespérée l'accabla, et, pendant les quelques jours qui suivirent, Alakaï demeura parfois immobile pendant de longues heures, les yeux sans regard fixés sur le sol.

Inutile d'espérer aucune aide, aucun secours. Il savait que les naturels le cherchaient et il s'attendait à tout moment à entendre leurs clameurs exultantes. Cette pensée le faisait frissonner. La forêt obscure et la mort lente par inanition étaient son sort désormais. Le jour, il errait par les fourrés ténébreux et la nuit il escaladait les branches d'un arbre pour éviter d'être la proie des léopards.

A mesure que les jours passaient, Alakaï se sentait faiblir rapidement. Sa nourriture consistait en racines crues et il mangeait aussi les grosses larves blanches qu'il trouvait dans les troncs en décomposition.

Du sol, s'exhalaient les âcres odeurs des végétaux qui pourrissaient, et il enfonçait jusqu'à mi-jambe dans des lits de feuilles détrempées sur lesquelles couraient des cohortes entières de féroces fourmis. Au-dessus de sa tête, rien que le dais opaque des feuillages.

Une trentaine de jours s'écoulèrent ainsi, et Alakaï, le milicien autrefois brillant et actif n'était plus qu'une loque lamentable. Pendant des journées entières, il s'asseyait sur le sol spongieux, se balançant d'un mouvement continu et proférant des phrases sans suite comme quelqu'un qui aurait perdu la raison. La terrible épreuve et les privations qu'il endurait minaient ses facultés mentales, et chaque jour ses pensées se concentraient de plus en plus sur les riches plantations qui entouraient le village d'où il s'était enfui. Tout son être était envahi par un désir unique de nourriture, et les affres de la faim ramenaient chaque jour sa pauvre carcasse décharnée plus près des champs des sauvages.

La crainte d'être capturé ne l'entravait plus. Risquant tout, il résolut de s'offrir la joie de mâcher une fois encore de la canne à sucre et du maïs.

Un matin, Alakaï s'éveilla dans une flaque d'eau, à côté d'un tronc d'arbre à demi pourri. Il avait plu à profusion pendant la nuit et l'eau formait un bassin autour de lui.

MANYEMA

MANYEMA
Vieux bois très ancien.

BAS CONGO

BAS CONGO

Idoles de la collection de Herbert Ward.

Il se leva avec difficulté car ses membres étaient ankylosés et engourdis par l'humidité et la fraîcheur. Sur son corps émacié, il ne restait plus que des lambeaux déchiquetés d'étoffes. Il s'étira, un étourdissement le prit, il chancela et s'affala inanimé sur le sol. Quand il revint à lui, les abeilles bourdonnaient. Il était midi.

Dans le lointain il entendit le bruit du tambour; c'était le tambour-signal des Basokos. Avec une démarche titubante, il se fraya un chemin à travers les fourrés, tantôt escaladant péniblement des arbres couchés, tantôt suivant à quatre pattes le bord sablonneux de quelque ruisseau peu profond.

Le bourdonnement assourdi continuait, et Alakaï cheminait obstinément, comme attiré par quelque fascination mystique. Le bruit du tambour éveillait au fond de son cœur un sentiment dolent de délivrance. Dans son esprit en désarroi, c'était lui que le tambour appelait, il lui annonçait que ses souffrances allaient prendre fin.

Ragaillardi par des visions de festin copieux dans les plantations, il s'acharnait à avancer et il atteignit enfin l'orée de la forêt. Là, devant lui, s'étendaient les champs si longtemps rêvés. Mais, d'abord, l'éclat du soleil l'aveugla : depuis un mois il n'avait pas revu le jour!...

Les yeux éblouis et les membres tremblants, il entra dans les maïs mûrissants et se mit à manger voracement, avec des larmes d'attendrissement roulant sur ses joues maculées.

Bientôt, une torpeur l'envahit, il s'allongea sur le sol et ne tarda pas à dormir profondément. Il rêva qu'il entendait des voix, des voix rudes et cruelles.

S'éveillant en sursaut, il se trouva entouré de femmes qui poussaient des clameurs.

D'abord, il resta hébété, mais il reprit bien vite conscience de sa situation périlleuse. Il fut brutalement remis debout, et poussé vers le village, par une douzaine de femmes nues, à la poigne solide, qui s'esclaffaient et riaient avec une exultation farouche.

Son cœur se serra de désespoir à la vue de ces visages sanguinaires. Tombé aux mains de ces barbares, il savait qu'un sort horrible lui était réservé, et il savait bien qu'il allait à la mort.

Parvenu au village, Alakaï fut jeté violemment à terre et on lui lia les mains derrière le dos. Pendant ce temps, la population se rassemblait autour du groupe, pérorant et hurlant sans arrêt.

Au milieu du tumulte on entendit un chant sinistre. Les cris et les clameurs se turent, et une troupe de femmes qui chantaient s'avança, précédant le Woto-Ya Boti, le grand magicien.

Celui-ci, dont le corps était burlesquement barbouillé de pâtes diverses, bondit en avant et exécuta une danse fantastique. La foule scandait ses sauts par des claquements de mains et un monotone bourdonnement.

S'arrêtant et prenant une attitude grotesque, le sorcier parla d'une voix sépulcrale :

— Vous tous, écoutez! C'est le jour de la nouvelle

lune. Toute la nuit nous allons danser et chanter pour l'Esprit de la lune qui est favorable. Mais le malheur tomberait sur nous si nous répandions le sang pendant que la lune nouvelle est dans le ciel, ou même avant que le prochain soleil se lève, ô hommes de Basoko!

Le discours du magicien fut salué par un murmure désapprobateur.

Toutefois Alakaï, les pieds et les mains liés, fut attaché au tronc rugueux d'un palmier, et deux ou trois jeunes sauvages, aux lances aiguisées, montèrent la garde auprès de lui.

Quand la nuit vint, tous les tambours de bois du village lancèrent l'invitation à la danse en l'honneur de l'esprit favorable de la lune nouvelle.

Dans un état d'accablement misérable, Alakaï contemplait les préparatifs de la fête. On alluma des tas de bois crépitants d'où une fumée bleue monta droit dans l'air calme de la nuit. Peu après, avec des clameurs joyeuses, la danse commença. Hommes et femmes se plaçaient sur deux rangs, face à face; chaque rang avançait et reculait, et les danseurs se livraient à toutes sortes de gambades et de contorsions à la cadence d'un chant monotone.

Des centaines de pieds nus heurtaient le sol pendant que s'entre-choquaient les lourds cercles de fer qui ornaient les poignets et les chevilles. Les voix des hommes succédaient aux voix de fausset des femmes, lorsque, tour à tour, ils bondissaient en avant, tortillaient leur buste et regagnaient leur rang.

Par intermittences, les flammes blafardes se reflétaient sur les torses où la sueur coulait à grosses gouttes et sur le métal poli des ornements. Les bananiers aux larges feuilles et les palmiers gracieux se détachaient en violent relief sur le ciel pur de la nuit. L'écho des voix se répétait nettement dans la forêt lointaine et par delà le fleuve.

Toute la scène, avec ses ombres tranchées, était à la fois lugubre et pittoresque; l'infortuné Alakaï, au milieu de ses souffrances, demeurait sourd et indifférent aux chants éperdus et aux simagrées délirantes des sauvages.

Les heures passaient lentement; vers la mi-nuit, des rafales de vent sifflèrent dans les hautes branches. Un ouragan de pluie glaciale s'abattit sur le village, mais les danseurs continuèrent à trépigner et à pirouetter avec la même ardeur. Pourtant, les jeunes gardiens d'Alakaï allèrent subrepticement s'abriter sous l'auvent d'une hutte où ils s'accroupirent côte à côte. Bientôt, de leur groupe, s'éleva une série de ronflements sonores... Ils s'étaient endormis.

Alakaï tira sur ses liens et réussit finalement à se dégager les mains; après quoi, il ne fut pas long à dénouer les cordes qui attachaient ses jambes. Enfin! Il était délivré... Son cœur battait à grands coups douloureux. C'était l'occasion de recouvrer la liberté, de s'échapper, sans perdre un instant. Il fit quelques pas en avant. Ses forces le trahirent. Ses articulations étaient engourdies : il s'affaissa sur le sol, impuissant, avec un gémissement d'agonie.

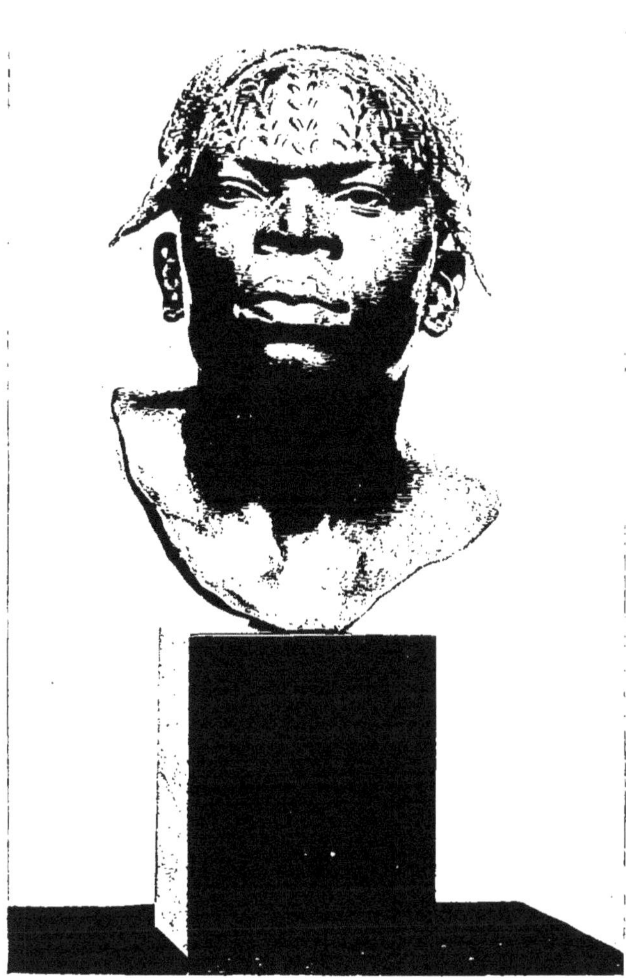

TYPE D'INDIGÈNE ARUIMI

Buste en bronze par l'auteur.

Ses gardes réveillés bondirent sur lui, et l'un d'eux l'aiguillonna cruellement d'un coup de lance.

— Arrête, Ngengenoué! Il ne faut pas verser de sang avant le lever du soleil, ça nous porterait malheur!

Mais le fer aigu avait pénétré dans les côtes d'Alakaï, et de la blessure un filet de sang coulait jusqu'à terre.

De nouveau, Alakaï fut ligoté contre le tronc du palmier, et ses liens cette fois étaient si serrés que les cordes lui entraient dans les chairs.

La pluie cessa. Les feux peu à peu s'éteignirent, les voix des danseurs étaient enrouées. L'obscurité s'accrut : c'était l'heure qui précède l'aube.

L'esprit d'Alakaï divaguait. Soudain, il tressaillit : un bruit! Il leva la tête pour écouter. C'étaient, dans les cimes des arbres, les battements d'ailes des oiseaux qui commençaient à s'agiter.

Le chant des danseurs mourut graduellement; le silence enveloppa le village, et seul le bourdonnement de myriades de moustiques emplissait l'air. Parfois un grand chien décharné rôdait autour d'Alakaï, reniflant le sol, à la recherche de quelque nourriture. Quand les premières lueurs de l'aube apparurent, le village était encore plongé dans un lourd sommeil. Le décor pittoresque de la nuit avait perdu toute sa beauté. Les huttes ruisselaient, les ruelles boueuses regorgeaient d'immondices et de feuilles, et, à l'endroit des feux, il ne restait que des cendres blanches délavées.

A mesure que la clarté croissait, les oiseaux s'envolaient en quête de leur pitance matinale; les portes de roseaux des huttes grinçaient en s'ouvrant et des formes noires apparaissaient. En peu de temps, le village fut à nouveau plein d'animation et les naturels jetaient des regards furtifs dans la direction de la proie qu'ils convoitaient, tandis que le malheureux Alakaï regardait, d'un œil morne, s'avancer vers lui un groupe de nègres armés. Leurs panaches de plumes étaient détrempés et emmêlés et leurs faces revêches portaient les traces des fatigues de la nuit. Tout en se rassemblant devant leur victime, ils grommelaient des jurons courroucés contre le froid. Le ciel gris s'éclaira et de pâles rayons parurent.

Soudain, une détonation d'arme à feu : les sauvages alarmés échangèrent des regards de stupeur.

Un hurlement sauvage monta d'un coin éloigné du village.

— Watamba-tamba! Les Arabes! Fuyons! Fuyons!

Les coups de feu éclataient maintenant en succession rapide. L'atmosphère lumineuse du matin retentissait de cris et de vociférations épouvantables, du choc des armes, des clameurs des femmes et du trépignement des pieds nus en fuite.

Alakaï avait perdu conscience de ce qui se passait.

De toutes parts, des assaillants enturbannés de blanc se précipitaient dans le village, capturaient les hommes, les femmes et les enfants et abattaient impitoyablement à coups de fusil les naturels plus agiles qui galopaient vers la forêt.

Les brigands arabes, tant redoutés, attaquaient enfin les Basokos et la peuplade « singe » recevait sa première leçon de servitude.

Les Arabes, en costumes blancs, fouillaient, le fusil au poing, toutes les cases du village, pour faire main basse sur les pilons et les cors d'ivoire et sur tous les objets de valeur, et finalement ils découvrirent Alakaï, toujours ligoté à son palmier.

— Toutou, amé Koufa. (Il est mort, laissons-le!) dit un Arabe.

— Siyo bouana. (Non, vois, il respire), répliqua un métis qui, dégainant sa dague, tranche les liens du prisonnier.

. . . .

Les trois profondes balafres sur chaque joue, marque distinctive de la tribu houssa, attirèrent immédiatement l'attention des Arabes. Ils reconnurent Alakaï comme appartenant au personnel de l'État indépendant du Congo, et ils le traitèrent avec bonté. Trois mois plus tard, ils le remirent à un officier belge de l'État indépendant qui me le laissa plus tard à Bangala, sous prétexte qu'il n'était bon à rien et était dénué de toute intelligence.

Petit à petit, et à de longs intervalles, je me fis raconter les aventures d'Alakaï parmi la peuplade « singe ». Bien qu'il eût conservé quelques lueurs de bon sens, son esprit avait subi une secousse trop forte, il était incapable d'accomplir la plus simple besogne, mais une bienveillante indulgence l'entourait cependant.

Parfois, Alakaï restait assis pendant des heures, immobile et les yeux vagues. Rarement il desserrait les dents. Sa raison était irrémédiablement ébranlée, et il vivait dans la crainte perpétuelle de tout ce qui l'entourait. Seuls, les enfants venaient jouer autour de lui. Je me rappelle avoir vu une fois une fillette, bébé noir joufflu à la démarche incertaine, s'approcher de lui en tenant par la patte un petit chien âgé de quelques semaines. Elle essaya de grimper sur les genoux d'Alakaï et laissa tomber à terre la bête qui hurla. Alarmé, Alakaï se leva d'un bond, puis voyant l'enfant, il lui sourit et lui caressa les cheveux, tandis que son pauvre visage triste s'éclairait et rayonnait de plaisir.

Les enfants étaient les seuls compagnons d'Alakaï.

NYANGA N'KISSI. — SORCIER

Dessin de l'auteur.

N'GANGA N'KISSI

Dans le village de Mayumbula habitait un sorcier indigène, appelé Loubaki, l'homme, à la fois, le plus fameux et le plus redouté du district. On l'avait surnommé N'Ganga N'Kissi (le savant en sortilèges), et il appartenait à la bande de ces individus astucieux qui prétendaient être abouchés avec le monde des esprits et qui se font une existence prospère en abusant de la crédulité de ces peuplades superstitieuses. L'influence de Lubaki était telle sur les esprits de tous les habitants de Mayumbula qu'il disposait de leur vie à son gré. Chefs, hommes libres, esclaves subissaient également la tyrannie de cet imposteur.

Au cours des nombreux mois pendant lesquels je résidai dans cette partie de la contrée, je réussis à gagner jusqu'à un certain point la confiance des indigènes; je leur donnais mes soins quand ils étaient malades et j'étudiais leur langage. Ils se montrèrent d'abord timides et réservés, craignant sans doute de porter ombrage au célèbre sorcier. Parmi mes amis indigènes, le plus remarquable était un certain Mavonda N'zau, le Tueur d'éléphants, célèbre pour son intrépidité; malheureusement notre amitié éveilla la jalousie de Loubaki. Par tous les moyens en son pouvoir, le perfide charlatan s'efforça de calomnier et de persécuter le seul homme dont la popularité menaçait de battre en brèche son empire sur la tribu. Si acharnés furent les efforts du sorcier qu'avant peu Mavonda N'Zau fut tenu à l'écart et que ses proches même se montrèrent hostiles. Sa vie fut menacée, et il se vit souvent contraint de chercher un refuge dans mon camp.

Un jour le malheureux accourut vers moi dans un état de désespoir indicible. Son fils unique, âgé d'une dizaine d'années, un gamin intelligent et vif, avait été volé, et Mavonda N'Zau redoutait que Loubaki l'eût vendu, comme esclave, à une caravane de marchands d'ivoire indigènes qui avaient, la veille, traversé le village. Plein de pitié pour le pauvre diable, j'entrepris d'immédiates investigations et me lançai à la poursuite de la caravane, où je ne trouvai aucune trace du fils de Mavonda N'Zau. De retour à Mayumbula, j'appris, à ma grande consternation, que Loubaki avait profité de mon absence pour perpétrer un autre méfait et satisfaire sa vengeance. Sur la place du marché, il avait publiquement accusé de sorcellerie la femme de Mavonda N'zau, la mère du gamin disparu.

D'après la coutume indigène, une personne accusée de sorcellerie est obligée de se soumettre à l'épreuve du poison, qui décide de la culpabilité ou de l'innocence. L'infortunée victime doit ingurgiter une décoction de *nkasa*, breuvage empoisonné préparé avec l'écorce d'un arbre vénéneux et qu'on administre ordinairement au lever du soleil. Pendant toute la journée, les parents de l'accusé se rassemblent sur le lieu de l'épreuve, et là, ivres de vin de palme, ils dansent autour de la misérable victime, qu'ils gratifient des insultes les plus cruelles. Si, au soir, l'effet du *nkasa* n'a pas été autre que celui d'un émétique, l'innocence est péremptoirement démontrée et les crédules indigènes conviennent que, de toute évidence, aucun mauvais esprit n'était caché dans le corps de l'accusé. Par contre, si le *nkasa* produit un effet fatal, l'épreuve est justifiée. Tout le monde est enchanté que l'accusation ait été portée contre le véritable coupable et que le mauvais esprit soit exterminé. C'est le sorcier lui-même qui dose le poison selon sa propre fantaisie, aussi l'offrande judicieuse de quelques perles de verre, ou d'un panier de volailles, de la part des amis de l'accusé, est-elle capable de réduire la virulence du breuvage.

Le jour où la femme de Mavonda N'zau devait se soumettre à la cérémonie de « la découverte du mauvais esprit » était fixé. Loubaki devait officier en personne et administrer la drogue; je ne conservais aucun espoir : le sort de la malheureuse était réglé d'avance.

D'après des remarques fortuites que j'entendis autour des feux du village, pendant la nuit, je crus avoir deviné en quel endroit aurait lieu la cérémonie. Mais malheureusement je me trompais et dus explorer le pays dans tous les sens, courant d'un bouquet de bois à un autre, et questionnant avec insistance, mais en vain, les indigènes que je rencontrais. Le soleil était déjà levé depuis quatre heures, quand enfin j'apparus sur le lieu du drame.

En approchant d'une langue de forêt, croissant dans les alluvions d'un ravin, à plusieurs milles de Mayumbula, je fus soudain averti du danger en entendant des indigènes m'interdire d'aller plus loin. Toutefois, j'étais à ce moment tellement exaspéré par les inhumaines persécutions de Loubaki, que, sans me soucier d'aucune menace, je me frayai un chemin à travers le fourré. Plusieurs coups de feu furent tirés sur moi, la fumée monta de tous côtés dans le sous-bois, des pierres et des lingots de fer se mirent à pleuvoir autour de moi et à siffler à mes oreilles... J'avançais et je débouchai enfin dans une sorte de clairière où les hautes herbes et les broussailles avaient été trépignées.

Là, se tordant et gémissant sur le sol, j'aperçus la femme de Mavonda N'zau. Elle avait déjà bu le breuvage et, selon toute apparence, elle entrait en agonie. Je la soulevai dans mes bras afin de lui administrer un émétique dont je m'étais pourvu.

Les couleurs criardes avec lesquelles ses barbares tortionnaires lui avaient barbouillé le corps, déteignaient sur mes vêtements. Cachés dans les brouissailles, les indigènes me répétaient de laisser la malheureuse.

— Homme blanc, va-t'en! Laisse cette femme! Elle donne asile dans son corps à un mauvais esprit.

J'arrivais trop tard, hélas. Ses traits étaient décomposés; ses doigts crispés; son corps secoué de sursauts convulsifs. Elle eut un bâillement de suffocation, sa tête retomba en arrière : elle était morte. A cette vue, les indigènes se mirent à pousser des cris et des cla-

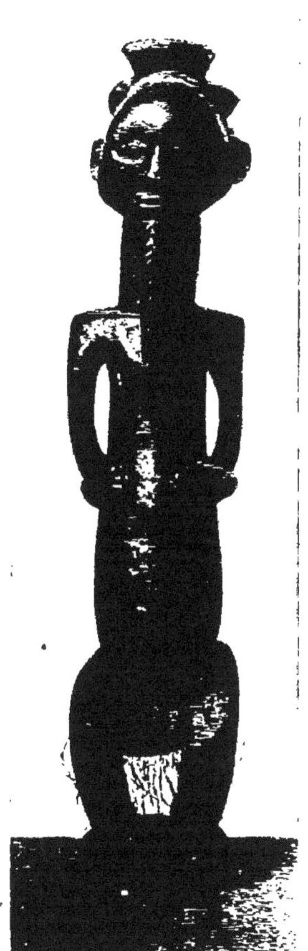

IDOLES MANYEMA

Collection de l'auteur.

meurs forcenés, et, quand je m'éloignai, j'avais les oreilles rompues par les sarcarmes et les ricanements de ces sauvages, trop lâches pour venir me braver en face.

Peu de temps après cette tragédie, un soir que le pauvre Mavonda N'zau était malade et délirait de fièvre, une violente détonation d'arme à feu m'éveilla, éclatant à quelques pas de ma tente. Je bondis hors de ma couche et sortis dans les ténèbres, juste à temps pour reconnaître, à la lueur vacillante d'un feu de bois, l'allure et le visage de Loubaki. Courbé en deux, il s'éloignait, en courant.

Je me mis à la poursuite du fuyard; mais il m'échappa en se lançant à travers les broussailles et les sentiers tortueux. Des indigènes effrayés s'enfuyaient nombreux dans toutes les directions, s'enquérant tous instamment de la raison de ce coup de feu dans la nuit. Je revins sur mes pas, et à mesure que je me rapprochais du lieu de l'attentat, mon oreille perçut des gémissements et des lamentations. Mon pressentiment fut confirmé : Mavonda N'zau avait été assassiné.

A la faveur des ténèbres, Loubaki s'était glissé jusqu'à la hutte où reposait Mavonda N'zau, malade de la fièvre, et insérant le canon de son escopette à travers la cloison faite d'herbes tressées, il avait tiré une charge de mitraille dans le corps de sa victime.

Le lendemain, j'allai trouver le chef qui résidait dans un village voisin, et j'accusai formellement Loubaki d'assassinat. Le N'Ganga N'kissi fut rapidement ligoté à un poteau en attendant son châtiment. Jusqu'alors, le sacripant avait inspiré un véritable effroi, et nul n'aurait osé élever la voix sur lui; mais la façon dont il avait si traîtreusement accompli ce meurtre avait produit parmi les indigènes un profond revirement. C'en était fait de Loubaki.

A quelques jours de là, sur une colline voisine, devait se tenir un important marché, le village fut déserté. On n'entendait d'autres bruits que les cris des enfants ou le grognement d'un chien errant. La conversation de deux femmes me fit supposer qu'il devait se préparer quelque événement important.

La journée était belle. Dans le lointain, je distinguai une cohue d'indigènes rassemblés sur la crête de la colline. Une brise légère, venant de cette direction, m'apportait un murmure indistinct. A mesure que j'approchais, je distinguais mieux les inflexions des voix surexcitées.

Au centre du marché, Loubaki, le N'ganga N'kissi, avait été enterré dans un trou, sa tête seule émergeait. Le chef donna l'ordre d'avancer à l'exécuteur, un indigène musclé, qui portait à deux mains, au-dessus de sa tête, une énorme pierre, pesant bien une cinquantaine de kilos. A un signal donné, il la laissa choir sur le crâne de Loubaki.

FUNÉRAILLES D'UN CHEF AFRICAIN

Les nécessités du service m'avaient amené à visiter le district de Bolobo, composé d'une série de villages florissants et très peuplés, situés sur la rive sud du Congo, à environ six cents milles de la côte de l'Atlantique.

Les indigènes s'y livrent activement au commerce, trafiquant surtout des produits naturels, et se servant comme monnaie courante, d'ivoire, d'étoffe, de fer et d'esclaves.

Ils ne sont pas anthropophages, mais sont cruels et torturent fréquemment leurs esclaves de la façon la plus barbare. Physiquement, les gens de Bolobo représentent une forme quelque peu élevée du type nègre Bantou.

Ils sont connus pour leur avarice et réputés comme les commerçants les plus riches et les plus experts du Moyen Congo.

Quelques jours avant mon arrivée, le grand chef des Bolobos était mort et je trouvai le pays fort agité. Ce jour-là même on devait enterrer le défunt en grand apparat avec les atroces et baroques rites qui caractérisent les solennités de ce genre chez les sauvages d'Afrique.

Emmenant avec moi quatre soldats nègres armés, je parcourus les étroites rues du village sous de luxuriantes avenues de palmiers et de bananiers, et me dirigeai vers le palabre qui se tenait dans un espace libre, devant la case du chef défunt.

Les lugubres gémissements des femmes guidaient mes pas. En route, je croisai plusieurs groupes de sauvages aux visages sombres, armés de coutelas et de lances, des panaches de plume sur la tête, et la face enduite de charbon de bois et d'huile de palme. Ils avaient l'air agité et s'absorbaient à ce point dans leur conversation qu'ils répondaient à peine à mon salut.

En approchant du lieu d'où partaient les cris des pleureuses, je remarquai plusieurs hommes et femmes presque nus dont les bras et les jambes étaient liés et dont le cou était pris dans de lourdes perches fourchues. C'étaient les esclaves et les épouses du mort. Quelques pas plus loin j'eus sous les yeux le plus extraordinaire spectacle.

Au milieu d'un espace libre, entouré de cases, qui s'adossaient en partie à un bois de palmiers élevés, trois cents femmes à demi nues, le visage et le corps barbouillés de craie blanche et rouge, étaient à genoux et balançaient leurs torses d'avant en arrière, comme pour marquer la cadence de leurs gémissements funèbres.

Au centre de cette curieuse assemblée, le corps du chef avait été installé, assis sur un trône de bois à dais. Sur la tête se dressait un immense panache de

LES GRELOTS D'UN SORCIER A BENGALA

Collection de l'auteur.

plumes. Le corps était badigeonné en blanc de même que les côtés de la face, où une large bande noire s'étendait du front au menton.

La peau, nue jusqu'à la taille, était marbrée de grandes taches jaunâtres et les bras avaient été enduits de rouge. Deux vieilles assiettes creuses en faïence, troquées à quelque marchand venu des côtes, recouvraient chaque sein du défunt, maintenues par une corde nouée autour du corps. Deux crosses de mousquets sculptées étaient placées sur ses bras. Des bandes de calicot jaune étaient nouées autour du cou et des coudes et des bracelets de fer polis et luisants surchargeaient chaque poignet. Sur le sol, devant le cadavre, on avait étalé tout un arroi de bizarres images de bois, de fétiches et de charmes de tous genres, communs aux peuplades de ces contrées.

Bien que l'après-midi fût avancé, l'atmosphère était lourde et suffocante, et les énergiques démonstrations de chagrin, auxquelles se livraient les femmes, faisaient couler sur leurs corps barbouillés des ruisseaux de sueur. Les lamentations des pleureuses me devinrent bientôt si pénibles que je fis demi-tour et m'engageai dans un labyrinthe de petites ruelles de traverse. Je rencontrai là encore des groupes d'indigènes surexcités, occupés à discuter avec feu quelque grave question. Je découvris aussi plusieurs autres captifs, ligotés aux poteaux centraux des cases.

Bien qu'en des circonstances ordinaires, la présence d'un blanc dans le village eût créé une grande sensation, je fus surpris de constater qu'on ne faisait guère

5

attention à mon passage et je pus me promener parmi les cases sans être aucunement inquiété.

Immédiatement après le coucher du soleil, on alluma une série de grandes bûches à l'extrémité du village. Je me hâtai de m'y rendre et trouvai là deux où trois cents indigènes dansant et gesticulant en agitant leurs panaches de plumes et leurs ornements de métal sonores. Ils étaient dans un état d'absolue frénésie. Les voix graves des hommes, les battements incessants du tambour, les lamentations éloignées des pleureuses, formaient un charivari indescriptible. Des nuages de poussière voltigeaient et, dans l'air, flottaient des relents de corps nègres en transpiration et l'âcre odeur des bûches qui flambaient. La bise du soir rabattait de temps à autre des colonnes de fumée sur les danseurs, les masquant momentanément à la vue. L'aspect démoniaque des sauvages, éclairés par la lueur livide des grands feux, et toute cette scène mouvementée, avec ses contrastes violents, m'impressionnèrent profondément.

A mesure que mes yeux s'habituaient à cette lumière funèbre, je remarquai de nombreux indigènes dansant au bord d'un trou profond tout récemment creusé. Je me penchai en avant pour mieux voir, me doutant bien de l'aboutissement probable de ces apprêts, et, soudain, je tressaillis en entendant un cri formidable poussé par des centaines de gorges enrouées. Me retournant, j'aperçus plusieurs hommes qui s'avançaient dans la direction du trou noir, en se frayant un chemin à travers la cohue. Un bruit de clochettes annonça un cortège de danseurs, dont les formes se détachaient en relief puissant quand ils passaient devant les brasiers flambants. Un espace fut dégagé devant le trou, et presque aussitôt, le grand sorcier bondit en avant, le corps couvert de peinture, orné de peaux de léopards et de charmes cliquetants, emblèmes de vie et de mort sur le sauvage d'Afrique.

Ce hideux personnage, avec ses paupières blanchies et son torse maculé de cervelle et de sang de volailles, commença la danse de la mort.

Avec des mouvements sinueux du corps, il exécutait, en tournant dans l'espace libre, des bonds et des sauts qui soulevaient une épaisse poussière, et il psalmodiait une étrange mélopée. Le sinistre possédé accélérait son allure à chaque tour. A la fin, il s'arrêta, ruisselant, poussiéreux, son accoutrement en désordre, et il s'accroupit au bord du trou.

Un autre cri atroce déchira l'air. Dix femmes, épouses du défunt, les mains et les pieds liés, furent traînées de force devant le sorcier et allongées sur le sol.

Peu après, un certain nombre de jeunes gens, esclaves du chef, furent aussi amenés jusqu'au bord du trou. Puis, au cours d'une scène de confusion fantastique, le cadavre du grand chef, enveloppé maintenant dans des pièces de cotonnade et de tissu d'herbe, fut apporté.

Par-dessus les têtes de la cohue, j'entrevoyais des corps sombres lancés dans le trou, et, dans le bruit, je discernais les cris terrifiés des femmes, des infortunées épouses qu'on sacrifiait.

Le corps du chef fut enfin placé dans la fosse. Les corps serrés de la tourbe noire furent comme une houle, et les vociférations montèrent encore de ton quand des centaines de mains se mirent à rejeter la terre dans la tombe des épouses du chef qu'on enterrait vivantes.

Serré de tous côtés par la foule, je ne pouvais fuir cet horrible spectacle. Le trou fut bientôt rebouché et la horde des naturels se mit à danser et à sauter sur la terre fraîchement remuée.

C'était à présent le tour des esclaves. L'un d'eux fut amené. Sa tête fut fixée dans une sorte de cadre étroit qui le prenait sous le menton et qu'on suspendit à une branche surplombante. Le bref éclair de la lame de l'exécuteur suivi par le hurlement frénétique de la multitude, indiqua que le premier des nombreux esclaves du défunt avait été décapité.

Écœuré par cette vue, je fis un dernier effort pour échapper à cette scène de carnage. En quelques minutes, je parvins au bord du fleuve où mon canot était amarré. Un ordre bref à mes hommes et nous prîmes le large. Un brouillard blanc et les ténèbres cachèrent à nos regards la rive des Bolobos, mais, pendant toute la nuit, j'entendis, apporté par le vent plaintif, le brouhaha des voix et l'incessant roulement du tambour.

BOLOBO

Photographie de l'auteur.

TIPPO TIB

Le plus fameux des trafiquants d'esclaves de l'Afrique centrale fut Tippo Tib, dont le non vénérable était Hamed ben Mohammed. Son père était un métis arabe de Zanzibar et sa mère une esclave africaine pur sang, originaire de Mrima, près de Tanganyika.

Son surnom lui fut octroyé par les indigènes, qui lui trouvèrent spontanément un nom approprié en le désignant d'après le bruit insolite des armes à feu « tip-tip », d'où Tippo Tib.

Tippo Tib était un homme de haute taille, puissamment bâti, avec une courte barbe grisonnante, une peau très noire, des prunelles décolorées, des lèvres épaisses et des dents merveilleusement blanches. Un tic nerveux l'affligeait d'un clignement continuel des paupières. Il était d'aspect affable et de manières distinguées, et me donna l'impression d'un homme courtois et digne, animé par une force qu'il savait contenir. Il se montra, à mon égard, toujours bienveillant et aimable, et l'on a rappelé qu'en maintes occasions, il accorda un précieux appui aux voyageurs européens, plus spécialement à Livingstone, Cameron, Stanley et Weissmann. Ses vertus personnelles contrastaient étrangement avec sa scélératesse professionnelle.

C'est en 1877, l'année même où Stanley accomplit son mémorable voyage à travers l'Afrique, de Zanzibar à l'embouchure du Congo, que les traitants arabes pénétrèrent, sous la conduite du fameux Tippo Tib, dans la contrée qui s'étend à l'ouest de Nyangué. La réussite du voyage de Stanley dut inspirer aux Arabes l'idée de se rassembler pour suivre Stanley vers l'ouest en descendant le cours du Loualaba. Nyangué avait été jusqu'alors le point le plus occidental qu'ils eussent atteint.

A la suite de Stanley, qu'ils accompagnèrent jusqu'aux rapides de Kizingiti, plus connus sous le nom de Stanley Falls, ils parcoururent sans interruption une contrée qui fut pour eux un véritable Eldorado. Ils profitèrent sans retard de la chance qui s'offrait de piller l'immense région où des sauvages absolument primitifs avaient accumulé d'énormes réserves d'ivoire. Pendant plus de vingt ans, cette région illimitée devint le champ libre où les flibustiers arabes se livrèrent à leurs exploits. Les hordes sanguinaires des chasseurs d'hommes furent écrasées en 1897, leur destruction définitive fut opérée par feu le baron Dhanis, un officier belge de grande valeur. La défaite des Arabes a été fort remarquablement narrée par M. Hinde (1), qui accompagnait le baron Dhanis pendant toute la campagne.

Pendant le cours des années 1887-88, alors que le

(1) *The Fall of the Congo Arabs*, par S. L. HINDE (Metuen, London).

trafic infâme des Arabes était à son apogée, je fus amené, par suite de diverses circonstances, à passer de longs mois au cœur de la région où ils opéraient et où des exemples de la plus cruelle barbarie se produisaient quotidiennement.

Les défenses d'éléphant ont toujours été employées comme monnaie courante, et c'est à cette cause qu'il faut attribuer les efforts que tentèrent les Arabes pour pénétrer dans les régions les plus reculées où, sans interruption, depuis de longues périodes les approvisionnements d'ivoire s'étaient accumulés. Les traitants établissaient leur centre d'opération à proximité des villages indigènes, où la forêt est généralement moins compacte. Au moyen d'un échafaudage de perches, les arbres les plus grands sont coupés à vingt ou trente pieds du sol, procédé qui épargne le surcroît de travail qu'exigerait l'abatage des troncs par la base. Ces troncs debout ressemblent, surtout par le clair de lune, à des colonnes ruinées. Les grosses branches restent au pied pour former une sorte d'enceinte inextricable qui protège contre tout danger d'attaque soudaine.

Parfois, le village est entouré d'une palissade. L'issue très étroite, laissant un espace à peine assez large pour qu'un homme de corpulence moyenne puisse se glisser à travers, est formée d'une seule énorme bûche suspendue par en haut à la façon d'une herse de château fort.

Des groupes de pauvres cases délabrées, construites avec des herbes, composent le village même.

Le sentier sinueux que suivaient les Arabes était formé d'une épaisse couche de boue recouverte d'une litière de végétations pourrissantes, entremêlée d'un réseau de racines glissantes, tandis qu'au-dessus, les grands arbres altiers rejoignaient leurs branches et créaient une demi-obscurité perpétuelle, sous laquelle les jeunes arbres et d'épais buissons luttaient entre eux pour vivre.

Les rayons du soleil ne pénétraient jamais dans cette lugubre solitude. Les oiseaux, aigles et autres rapaces, vivaient sur le toit de feuillages; les singes habitaient dans les branches et des fourmis de diverses espèces faisaient du sol leur domaine. On eût dit que la nature s'affolait de prodigalité dans cette somptueuse profusion de bois, de troncs et de branches, debout ou à terre; tout le spectacle de la forêt donnait une impression d'excès, de générosité surabondante.

Les Arabes avaient coutume généralement de surprendre le village et de capturer le plus grand nombre possible des indigènes qui s'enfuyaient. Les captifs étaient ensuite libérés contre une rançon payée en défenses d'éléphants. Quand, selon toute apparence, la provision d'ivoire des naturels était épuisée, les Arabes leur faisaient des propositions d'amitié, et, en peu de temps, des rapports de parfaite bonne humeur semblaient exister entre les indigènes et leurs anciens persécuteurs. Les premiers ne conservaient aucune rancune et considéraient les Arabes comme des gens qui ont fait une opération avantageuse. L'esprit du sauvage se plie facilement à toute autorité.

BOLOBO

Photographie de l'auteur.

Les habitants de cette partie de la grande forêt du Congo représentaient le type parfait du sauvage. Ils menaient des existences de brute et s'adonnaient au cannibalisme. Ces tendances furent favorisées par la funeste méthode des Arabes. Dans la plupart de leurs expéditions, les Arabes étaient aidés par des bandes d'indigènes qui les guidaient vers les villages des peuplades voisines. Pour récompense, ces bandes obtenaient les corps des malheureux nègres tués pendant l'échauffourée. Dans les caravanes d'indigènes alliés des Arabes, il n'était pas rare de voir les femmes porter des quartiers de chair humaine dans des paniers fixés sur leur dos au moyen d'une bande maintenue sur le front. C'étaient là les provisions du voyage!...

Les traitants avançaient ainsi sous la conduite des indigènes eux-mêmes et, dans chaque district nouveau, les mêmes procédés étaient appliqués, par lesquels, en rémunération de leurs services, les corps des morts et des blessés étaient accordés aux guides à titre de vivres.

C'est ainsi que pendant plus de vingt ans, sans autres variations dans leur méthode, que celles que pouvaient dicter les circonstances, les bandits arabes poursuivirent leurs néfastes pérégrinations.

Les indigènes étaient uniquement armés de lances et de couteaux. Malgré leur longue pratique du genre d'hostilités qui se poursuivait communément entre les tribus sauvages de l'Afrique, les Congolais manquaient absolument des plus simples éléments d'une organisation qui leur eût été précieuse pour repousser les

attaques des Arabes pillards. Jusqu'alors, dans le genre de luttes qu'ils soutenaient les uns contre les autres, ils avaient combattu dans des conditions d'égalité plus ou moins sensible. Mais l'arrivée des Arabes les désorienta et ils ne tardèrent pas à se débander. Chassés de leurs villages, stupéfiés et terrorisés, les indigènes se réfugiaient dans les parties les plus inaccessibles de la forêt où ils en étaient réduits à s'entre-dévorer comme les bêtes sauvages.

D'ailleurs, il ne faut pas oublier que les bandes de chasseurs d'esclaves, bien que composées de métis de sang arabe et nègre, contenaient aussi, en de considérables proportions, des noirs originaires du grand pays Manyama. Ces Manyamas, nés sous le joug arabe, — car la contrée était depuis longtemps tombée au pouvoir des brigands de Zanzibar, — avaient grandi dans des conditions de désordre effréné et ils adoptaient volontiers la profession de chasseurs d'hommes sous les ordres de chefs d'extraction arabe, qui organisaient et préparaient les expéditions.

. . . .

En compagnie de Tippo Tib et de plusieurs chefs arabes, je fus, un jour, le témoin d'une scène tragique. D'un village situé sur la rive opposé, en amont de Stanley Falls, à un endroit où le courant est particulièrement violent, deux indigènes s'embarquèrent dans une grande pirogue et pagayèrent pour venir jusqu'à nous.

Bientôt, il leur devint impossible de lutter contre le courant rapide, et ils dérivèrent irrésistiblement vers les cataractes assourdissantes. Parvenus au bord, juste à la seconde où l'embarcation allait culbuter avec les eaux, les malheureux nègres se livrèrent à une mimique piteuse que je n'oublierai jamais. Ils firent des gestes désespérés comme pour se raccrocher dans le vide, au moment où, lancés par le courant dans le gouffre, leur canot disparut dans le tourbillon grondant.

Les Arabes demeurèrent impassibles. L'un d'eux seulement remarqua avec tranquillité :

— C'est fâcheux d'avoir perdu une si belle pirogue.

. . . .

Au cours d'une de nos longues conversations du soir, à Stanley Falls, je demandai à Tippo Tib pour quelle raison il habitait dans une aussi misérabe masure.

— Vois, — lui disais-je, en dialecte kiswahili, — la pluie s'égoutte à travers le toit. Les rats se promènent partout, et le vent souffle à travers les cloisons. Cependant c'est là la maison de Tippo Tib, le chef arabe.

— Ah! répliqua-t-il. Il est préférable pour moi de vivre dans une maison comme celle-ci, parce que cela m'oblige à me souvenir que je ne suis qu'un homme ordinaire, comme les autres. Si je vivais dans une résidence pleine de confort, je finirais peut-être par me faire une trop haute opinion de moi-même.

Tippo Tib vivait seul.

. . . .

Pendant un séjour que je fis auprès de Tippo Tib, il y eut une fois dans le campement une grande agitation. Très animés et surexcités, les Arabes racontaient qu'il s'était produit un miracle. Un arbre qui, depuis de longues semaines, demeurait couché sur le sol, s'était soudain relevé de lui-même.

L'explication du phénomène était bien simple. Il arriva qu'en recueillant du bois pour les feux, les femmes ébranchèrent l'arbre qui, soulagé de ce poids, fut redressé peu à peu par les puissantes racines, qui le retenaient encore dans le sol.

. . . .

Les Arabes qui persécutaient et massacraient les indigènes sans la moindre pitié faisaient preuve d'une extrême dévotion dans l'observation des rites de leur religion, et ce contraste avait quelque chose de barbare.

D'autre part, je fus toujours frappé de la rigoureuse propreté personnelle des chefs arabes, et du soin qu'ils prenaient de leur aspect extérieur qui contrastait étrangement avec leur entourage et le milieu dans lequel ils vivaient. Régulièrement, ils étaient vêtus, dans le camp, de robes blanches immaculées, et je me rappelle avoir remarqué l'effet que ces vêtements blancs produisaient sur les sauvages de la forêt. Ceux-ci, accoutumés à vivre dans un environnement perpétuel de demi-obscurité, considéraient les robes blanches des Arabes comme une absolue nouveauté. J'observai même fréquemment qu'en présence des Arabes, les indigènes portaient leurs mains à leur front pour faire abat-jour sur leurs yeux, car les étoffes blanches leur apparaissaient plus éblouissantes que la clarté même du soleil.

. . . .

Un missionnaire adressait une fois de véhéments

TIPPO TIB

Photographie de l'auteur.

reproches à Tippo Tib au sujet de ses abominables massacres, et lui demandait compte des innombrables existences dont il aurait à répondre. Avec un flegme empreint de douceur, Tippo Tib répondit :

— Ah ! oui. Dans ce temps-là, j'étais un jeune homme, comprenez-vous. Maintenant, voyez, mes cheveux grisonnent. Je vieillis, il est vraiment temps que j'observe un peu plus d'égards.

. . . .

Parmi les troupes de Tippo Tib, on disait communément :

— C'est le fusil qui est le roi de l'Afrique.

LES AVENTURES DU CAPITAINE DEANE

Le nom du capitaine Deane demeurera dans l'histoire de la conquête du Congo, comme celui du défenseur de Stanley Falls contre l'attaque des Arabes en 1886.

Il eut, dans l'Afrique centrale et dans la région du Congo, des aventures variées et dramatiques. Une rapide esquisse des exploits qui ont marqué les dernières années de sa carrière, donnera une idée de son courage physique et de sa singulière endurance.

Au début de 1886, le capitaine Deane, qui avait une longue expérience du service actif au Congo, reçut l'ordre de se rendre dans l'intérieur, aux confins de l'État indépendant récemment créé, et d'y prendre le commandement du poste de Stanley Falls. L'objet de sa mission était de protéger les indigènes en empêchant les flibustiers arabes de poursuivre leurs sanguinaires expéditions.

L'année précédente Deane et la troupe qui l'accompagnait avaient déjà subi un tragique désastre en voulant gagner la même destination. Dans un labyrinthe de bras du haut Congo, connu sous le nom de Monungeri, à environ quatorze cents milles de la côte, les sauvages attaquèrent son camp vers minuit pendant un violent orage. Le capitaine fut grièvement blessé d'un coup de lance à la cuisse gauche. La moitié de ses troupes nègres fut tuée.

Vers l'époque où après une lente convalescence il allait pour la seconde fois tenter de pénétrer dans la lointaine région qu'il devait surveiller, je fus nommé au commandement du poste de Bangala, au milieu d'un district très populeux à mi-chemin entre Stanley Falls et Stanley Pool, localités qui sont séparées par une distance de onze cents milles. Comme nous suivions le même itinéraire, nous voyageâmes ensemble jusqu'à Bangala, franchissant ainsi cinq cents milles.

Nous nous arrêtâmes, un jour, à un endroit dénommé Lukobelo où nous visitâmes la tombe d'un Anglais du nom de Kemble Keys qui avait été tué en 1884 par un buffle. Dans un sentiment de sympathie pour notre infortuné compatriote, nous coupâmes les broussailles et réentassâmes les pierres qui marquaient le lieu de repos d'un jeune et intrépide compagnon. Nous cueillîmes chacun, pour les garder, quelques feuilles d'une liane tropicale qui croissait en abondance sur la tombe.

Bientôt nous nous séparâmes. Dix mois s'écoulèrent et l'occasion se présenta pour moi d'une expédition vers la route que suivent les caravanes de la région des cataractes. Un soir, je dressai ma tente non loin d'un marché indigène, où les nègres bruyants bavardaient et se querellaient autour de gourdes de vin de palme écumeux. Soudain, j'entendis des appels lointains, et, par-dessus le brouhaha du marché, je distinguai les notes du chant des porteurs zanzibarites. Peu après, j'aperçus la tête de la caravane, chaque homme chargé de caisses, de fusils et de divers objets indispensables aux blancs qui voyagent à travers l'Afrique centrale.

Quelques minutes plus tard, j'observai deux vigoureux naturels portant un hamac suspendu à une perche. Je m'approchai et au moment où les porteurs abaissaient leur palanquin, je vis une main décharnée, puis une face hagarde et blême avec des yeux caves, et je tressaillis en reconnaissant le capitaine Deane. Tandis que je l'aidais à sortir du hamac, je ne parvenais pas à croire que cet être hâve et miné par la fièvre était le même homme qui m'avait quitté quelques mois auparavant vigoureux et plein d'entrain. Ce soir-là, quand tout fut endormi, Deane, allongé devant le feu du bivouac, me relata d'une voix exténuée la série de ses aventures à Stanley Falls et le tragique désastre auquel avait abouti sa mission.

Fort peu de temps après qu'il fut parvenu à destination, les Arabes s'offensèrent de la façon dont il se mit à fortifier son petit poste, situé au milieu de leur champ d'opérations. L'administration avait promis au capitaine des renforts et un supplément de munitions pour qu'il fût en mesure de faire face à toutes les éventualités. Mais la promesse ne fut pas tenue, et le capitaine était condamné d'avance à subir un échec. La base d'approvisionnements, pour le haut Congo, se trouvait au poste de Stanley Pool, et à cause de la grande distance à franchir, les vapeurs fluviaux n'étaient envoyés à Stanley Falls qu'à des intervalles de six à neuf mois, de sorte que le capitaine ne pouvait compter sur aucun secours opportun. Il avait pour second le lieutenant Dubois, de l'armée belge, et ses forces consistaient en quatre-vingt-six soldats houssas de la côte occidentale, et soixante sauvages recrutés parmi les tribus cannibales de Bangala.

Dans le mois même qui avait suivi son arrivée, le capitaine Deane s'aperçut que les Arabes nourrissaient à son égard des intentions hostiles. Des forces importantes de combattants qui journellement venaient prendre leurs quartiers dans le voisinage étaient un symptôme assez alarmant.

La crise éclata bientôt. Une femme indigène, esclave des Arabes, s'enfuit un jour et vint chercher protection à la station de l'État, affirmant qu'elle avait été maltraitée. La femme fut accueillie avec bienveillance, mais son possesseur s'étant formellement engagé à la mieux traiter à l'avenir, elle lui fut rendue. Quelques jours plus tard, la malheureuse revint à la station, le corps couvert de blessures et d'ecchymoses. Le capitaine décida alors d'autoriser l'esclave à rester dans le poste. Les Arabes demandèrent qu'elle leur fût remise; mais le capitaine leur répondit que son devoir était de protéger les opprimés qui venaient chercher son appui.

Aussitôt après cet incident, l'hostilité devint active, et les chances étaient contre le capitaine dans la proportion de cent contre une. En outre, il constata, avec terreur, que l'humidité avait rendu inutilisables les capsules de ses cartouches.

Pendant soixante heures consécutives, le capitaine Deane et le lieutenant Dubois combattirent à côté de leurs hommes. Du côté des Arabes, le nombre des assaillants croissait sans cesse, et ils s'approchaient dans toutes les directions en s'abritant par des tranchées qu'ils creusaient pendant la nuit. Leurs attaques réitérées étaient régulièrement repoussées. Les assiégés leur infligeaient de grosses pertes et leur furie d'être tenus en échec par une troupe aussi faible dépassait toutes les bornes. Le succès de cette résistance démontrait la valeur d'un commandement intelligent. Les troupes des Arabes étaient indisciplinées et turbulentes, tandis que la petite garnison du poste de l'État se défendait avec calme et méthode. A la fin, pourtant les soldats houssas, désespérés, posèrent leurs fusils. Leur sergent-major vint déclarer :

— Nous n'avons plus que de mauvaises cartouches, nous avons tiré toutes les bonnes. N'y a-t-il pas moyen de s'échapper?

Furieux, le capitaine Deane répliqua qu'il brûlerait la cervelle au premier qui ferait mine de fuir.

— Très bien, mon capitaine. Alors, brûlez-nous la cervelle tout de suite. Il n'y a plus d'espoir, nous devons mourir, et tous nous préférons de beaucoup être tués d'un coup de revolver que d'être égorgés ou torturés par les Arabes.

Quand le soleil se coucha, ce jour-là, le poste était perdu.

A la nuit tout l'effectif du capitaine Deane, à l'exception du sergent-major, de deux autres Houssas et d'un sauvage fidèle, s'enfuit, frappé de panique, jusqu'au bord du fleuve. Pêle-mêle, tous s'embarquèrent dans les pirogues disponibles, pagayèrent en descendant le courant rapide, et furent bientôt hors de portée de voix.

Les deux officiers abandonnés se posèrent alors la question de savoir s'ils tenteraient aussi de s'échapper, ou s'ils resteraient pour se rendre. Le lieutenant Dubois proposa de s'en tenir à la décision du sort et de jouer la réponse à pile ou face. Deux fois, le sort fut en faveur d'une tentative de fuite; mais chaque fois le capitaine Deane secoua la tête et s'obstina à vouloir rester. Une troisième fois, la réponse fut encore en faveur du départ. Leur résolution fut alors prise.

Les munitions défectueuses furent empilées en tas énorme, une mèche y fut mise qui, au bout d'une demi-heure, devait enflammer la poudre, et donner aux assiégés la possibilité de s'échapper avant que les Arabes aux aguets s'aperçussent de leur départ.

En franchissant à gué l'étroit canal encombré de roches qui séparait de la rive droite l'îlot sur lequel était établi le poste, le lieutenant Dubois glissa et fut emporté par le courant violent à cet endroit. Le capitaine Deane plongea pour le rattraper et réussit à maintenir son compagnon à flot jusqu'à ce que le courant les portât contre une roche déchiquetée. L'un et l'autre étaient complètement épuisés par l'effort et le lieutenant Dubois, en s'écriant : « Je meurs », retomba dans l'eau et disparut. L'instant d'après, alors que le capitaine Deane était transporté jusqu'à la rive par ses quatre fidèles Houssas, le poste de Stanley Falls fut réduit en miettes par l'explosion de plus d'une tonne de cartouches.

Pendant les ving-neuf jours qui s'écoulèrent ensuite, le capitaine Deane et ses quatre compagnons se traînèrent à travers la forêt, se cachant pendant le jour pour échapper aux bandes arabes lancées à leur recherche, et exposés la nuit aux fauves rôdants. Pour toute nouriture, ils n'avaient que les vers de bois et les champignons, et peu à peu leurs corps s'émacièrent à tel point qu'ils n'avaient même plus la force d'avancer. Au cours de ces longues semaines ils n'eurent même pas pour se réconforter l'espoir de réussir à s'échapper. Tous avaient la conviction qu'ils étaient condamnés à mourir soit de faim, soit de la main des sauvages, soit dans les cruelles tortures des Arabes.

Les hommes, qui, après avoir quitté Stanley Falls, descendaient en pirogue le cours du Congo, tombèrent dans les embuscades des indigènes. Tous furent tués et mangés par les anthropophages, à l'exception d'un petit nombre qui eut la chance de passer par des bras peu fréquentés du fleuve et qui parvint à Bangala où les hommes relatèrent leur triste aventure. On prépara immédiatement un vapeur fluvial pour franchir les cinq cents milles qui séparaient le poste de Bangala de celui de Stanley Falls, et, sans qu'une minute soit perdue, des renforts partirent au secours du capitaine Deane.

Une quinzaine plus tard, le vapeur arriva en vue des ruines de Stanley Falls. Il ne restait du poste qu'un

LE CONGO A MONGALLA

Dessin de l'auteur.

tas de cendres et de décombres. Une fusillade meurtrière lâchée par une embuscade arabe avertit les occupants du vapeur qu'il était plus prudent de se retirer. A contre-cœur, on vira de bord et le bateau redescendit le courant. Dans l'esprit des chefs de l'expédition de secours, il n'y avait aucun doute : tout était perdu et leurs deux camarades avaient péri.

Deux jours après, sur les roches de la rive, on aperçut, du vapeur, un indigène qui faisait signe qu'on approchât. Quelques heures auparavant ce même jour, le capitaine Deane et ses quatre fidèles compagnons avaient été surpris par les sauvages. Le capitaine, nu et à bout de forces, se reposait, appuyé contre le tronc d'un arbre. Un sauvage s'approcha, la lance en arrêt. Deane leva son revolver rouillé, le seul objet qu'il eût conservé, et pressa la gâchette. La cartouche fit long feu.

Avant qu'il eût pu tirer une seconde fois, le sauvage était sur lui. Le capitaine ferma les yeux, s'attendant à sentir la large lame tranchante lui porter le coup fatal. Mais le sauvage reconnut en lui un ancien ami. Il jeta sa lance et le fit transporter au village indigène. C'est là que les gens du vapeur le trouvèrent.

Tel est le récit que me fit, cette nuit-là, le capitaine Deane, pendant que nous campions ensemble.

Une douzaine de mois plus tard le capitaine était de retour en Afrique et chassait l'éléphant à Loukoléa. C'est là qu'il trouva la mort. Un éléphant blessé le chargea et le transperça d'un coup de défense.

Par une étrange coïncidence, le tombeau du capitaine Deane, à Loukoléa, est auprès de celui de Kumble Keys que deux ans auparavant, lui et moi, avions débarrassé de ses broussailles. Ces deux hommes furent tués par des animaux furieux et tous deux étaient compatriotes. Leurs tombes sont, côte à côte, dans la jungle africaine, à huit cents milles de la mer.

UN DRAME DANS LA FORÊT

Seul, assis dans un coin sombre de sa tente, Osman ben Seïf jouait avec les grains de son chapelet. Son visage basané était morose, ses traits fatigués et ses yeux baissés. Il paraissait plongé dans une méditation profonde.

Depuis des semaines, avec une persévérance digne assurément d'une meilleure cause, Osman conduisait sa caravane de captifs et de maraudeurs Manyemas, en quête de proies humaines, à travers le dédale de la grande forêt africaine. Jour après jour, ils avaient péniblement avancé à travers des broussailles épineuses, sous le dais impénétrable des arbres séculaires. La nuit, découragés et affamés, ils avaient dormi sur le sol humide et chaud.

La région que parcourait la caravane était inhabitée.

Pourtant, dans l'après-midi, un Manyema avait été blessé par un épieu de bois, adroitement dissimulé dans les herbes, au bord d'une trouée piétinée par les éléphants. C'était enfin un indice.

La caravane fit halte, forma un « zeraba » et Osman dépêcha des éclaireurs en reconnaissance.

— Hodi! fit une voix, au dehors de la tente.

Osman, sortant de sa rêverie, tressaillit et instinctivement tendit la main vers son arme chargée.

— Karib!

Le rideau de lianes tressées qui fermait la tente fut écarté, et un nègre armé parut.

— Ah! c'est toi, Kalifan!

— Salaam bouana! Et le nègre croisa ses mains sur sa poitrine en s'inclinant.

— Khabari gani? Parle, quelles nouvelles?

— De bonnes nouvelles, répondit le noir, attentif à ménager ce qu'il avait à annoncer.

— Vema! Et qu'ont-ils trouvé?

En quelques mots le nègre expliqua que les émissaires envoyées en reconnaissance avaient découvert un grand village indigène situé à environ deux heures de marche à l'est du campement.

Le visage d'Osman s'éclaira.

— C'est bien! dit-il. Le soleil se couche. Deux heures avant l'aube, nous nous mettrons en route pour attaquer le village. Ce soir pas de feu, Sikia.

— Les paroles de notre maître sont des ordres.

— Haya! Qu'Allah nous préserve! conclut Osman en congédiant le nègre, d'un geste de la main.

Avec un profond Salaam, celui-ci se retira. Des sentinelles furent postées et bientôt le camp entier fut plongé dans le sommeil.

L'air de la nuit fraîchit. Un orage éclata sur la forêt. La pluie filtra à travers les épais feuillages et s'égoutta sur les corps nus des misérables vagabonds, les faisant grommeler ou geindre.

YAMBINGA

Croquis de l'auteur.

La nuit était encore obscure quand Osman sortit de sa tente.

— Similla! Similla! Place, faites place pour Bouana Osmani!

Silencieux et maussades, les maraudeurs Manyemas se levèrent, étirant leurs membres engourdis et bouclant autour de leur taille leurs cartouchières. Chacun d'eux enroula autour de sa tête une bande de cotonnade blanche salie, en guise de turban, et comme marque distinctive pendant la bagarre prochaine.

Le camp qui renfermait de nombreux esclaves indigènes, capturés au cours de précédentes expéditions, ainsi qu'un stock précieux de défenses d'éléphant, fut confié à la garde de cinquante Manyemas bien armés.

— Tendele! Tendele! Oupési!

L'ordre de départ fut transmis d'un bout à l'autre du camp, et, quelques minutes après, Osman et ses maraudeurs partaient en une longue file. Nul ne desserrait les dents. Les seuls bruits qui scandaient la marche étaient le froissement des branchages et le piétinement assourdi des pieds nus sur le sol.

Après un trajet pénible dans la forêt difficile, l'expédition arriva à l'orée de la clairière où s'élevait le village.

L'aube paraissait à peine quand la première salve fut tirée suivie presque immédiatement de cris de Allah! Allah la! à l'instant où les assaillants se précipitèrent férocement sur leur proie. Les enfants et les femmes, poussant des cris perçants, s'enfuirent dans toutes les directions, terrorisés par cet assaut imprévu. La volaille s'envolait en caquetant vers les bois. Les hommes hurlaient des mots incohérents, mais par-dessus le tumulte affolant des détonations, des clameurs et des gémissements, retentissaient le fatal « Ilah la ihou » des Manyemas qui bondissaient à travers les buissons, au milieu de la multitude épouvantée des sauvages, pourchassant les fuyards qui couraient en tous sens, les renversant à terre et les ligotant avec des cordes d'herbe tressée.

La fumée sulfureuse de la poudre se mélangeant à la brume du matin produisait un brouillard dense qui s'abattait en un nuage presque impénétrable sur cette scène de violences, et, dans cette obscurité, les fusils des Manyemas crachaient des langues de flammes. Osman n'exercait plus à présent aucun contrôle sur la cohue frénétique de ses hommes dont les armes lançaient dans toutes les directions leur mitraille meurtrière.

En s'efforçant de distinguer ce qui se passait, le chef arabe se trouva soudain en face d'un indigène, qui bondit sur lui en brandissant un énorme coutelas. Osman leva son revolver et tira. Le sauvage s'écroula lourdement à terre en poussant un gémissement. Mais le coup de feu d'Osman n'avait pas tué l'autre qui, se remettant du choc, essaya de se relever. L'Arabe fit un pas en avant.

— Sois maudit et meurs, démon noir!

Il dirigea son arme vers la tête du blessé, et il était sur le point de tirer à nouveau quand un cri perçant le fit tressaillir.

— Hey! Hoyo! criait une voix de femme à côté de lui et une jeune indigène se jetait aux pieds de l'Arabe.

Abaissant ses regards, Osman demeura interdit, fasciné par la beauté de cette jeune négresse nue. L'appel en faveur du blessé fut entendu, et Osman abaissa le bras qui tenait le revolver. Sans se soucier du sauvage qui se tordait de douleur, ses yeux demeuraient rivés sur les formes gracieuses affalées à ses pieds.

Un bruit de pas pressés le fit se retourner. Le nègre Khalifan accourait.

— Hey! Bouana. Nous avons eu des craintes pour notre maître et nous t'avons cherché partout.

Indiquant du doigt la jeune fille agenouillée et le blessé, dont la vie se trouvait épargnée, Osman, avec un geste, ordonna :

— Ligote-les solidement tous les deux. Veille à ce que la fille ne s'échappe pas. Tu me l'amèneras ce soir dans ma tente.

Peu à peu le tumulte et la fusillade cessèrent. Une brise fraîche dispersa le brouillard lourd, montrant les assaillants victorieux poussant devant eux, dans le village dévasté, des groupes de captifs misérables, honteux et muets, la tête basse et tremblants.

Le soleil matinal brilla dans toute sa splendeur. Ses rayons éclatants perçaient la voûte de feuillage et tombaient sur cette désolation, éclairant les rues étroites, obstruées par les cadavres et les décombres fumants des cases incendiées. De menus colibris au plumage exquis voltigeaient dans les buissons bouleversés, des essaims de mouches et d'abeilles emplissaient l'air d'un bourdonnement joyeux et de grands papillons aux ailes transparentes volaient en cercle au-dessus des ruines.

Vers midi les malheureux captifs furent rassemblés. Osman et ses féroces séides se mirent alors en marche pour regagner le campement de la forêt. Les vaincus furent disposés en une seule file. De temps à autre, quelqu'un des forbans, dans l'ivresse du succès, exécutait, au long de la colonne, une danse sauvage et entonnait des chants guerriers dont l'écho se propageait bizarrement dans la profondeur ténébreuse des bois.

Parfois aussi, par fantaisie, un Manyema déchargeait sa carabine, et la détonation faisait sursauter et trembler les prisonniers terrifiés. Avec de grands éclats de voix, les bandits se glorifiaient de leurs atroces prouesses et déploraient leur malchance qui avait permis à tant d'indigènes de s'échapper au cours de l'attaque.

L'arrivée au camp fut saluée par des acclamations triomphales. Les brigands manifestaient une allégresse débordante, et ils employèrent le reste de la journée à boire et à festoyer.

Après avoir enchaîné et entravé leurs captifs au moyen d'anneaux de fer et de carcans fourchus, les vainqueurs se rassemblèrent en groupe autour des feux flambants. Des pots et des gourdes énormes pleins de jus de palme fermenté (partie grandement appréciée des dépouilles) furent distribuées, et bientôt les acolytes d'Osman furent abêtis par l'ivresse.

DANS UN VILLAGE ARUIMI

Photographie de l'auteur.

Quand les ténèbres descendirent sur la forêt, le nègre Khalifan s'approcha de la tente du chef, amenant par le poignet la jeune négresse.

— Bouana! me conformant à tes paroles, je t'amène la captive.

— Ha! Voilà donc celle qui a arrêté ma main prête à tuer. Interroge-la, Khalifan.

Le nègre se tourna vers la prisonnière qui baissait obstinément les yeux. En réponse aux questions de Khalifan, elle murmura quelques mots rapides.

— Par la miséricorde d'Allah! cette infidèle demande la vie sauve pour son père.

— Ah! c'était son père? Un guerrier courageux, Khalifan, qui a presque tué ton maître.

— Qu'Allah soit loué d'avoir préservé la vie de notre maître! marmonna le nègre avec ferveur.

— Demande-lui son nom.

Après avoir échangé quelques phrases avec la jeune fille, Khalifan répondit :

— Maître, si tel est ton plaisir, elle se nomme Tinela.

— C'est bien. Annonce-lui que je la réserve pour mon harem.

Khalifan transmit les paroles de son maître. Tinela promena alors autour d'elle un regard terrorisé, puis, de désespoir, elle se jeta sur le sol en poussant des cris pitoyables.

— Maudits soient ses cris! Fais-la cesser! cria Osman furieux.

Les efforts que tenta Kkalifan pour apaiser la jeune

sauvagesse furent inutiles. Bondissant sur ses pieds, Tinela entama une lutte farouche avec le géant nègre. Ses cris et ses hurlements finirent par attirer l'attention de quelques hommes qui entrèrent sous la tente du chef. Mais la captive s'acharnait à lutter de toutes ses forces.

Osman fronça les sourcils, et, se tournant vers un de ses satellites, il ordonna sur un ton bourru :

— Va chercher le père.

Quelques instants après, le père de Tinela meurtri, balafré et sanglant, fut amené.

Se redressant de toute sa hauteur, et croisant ses bras, le chef sauvage jeta un regard de défi à ses persécuteurs, mais quand il aperçut sa fille Tinela, il chancela et grinça des dents. Il y avait dans l'attitude de ce sauvage, blessé et prisonnier, une dignité qui commandait l'admiration même de ses impitoyables bourreaux, chez qui le courage physique passe pour la plus haute vertu.

Obéissant à un ordre bref d'Osman, deux des brigands manyemas épaulèrent leur fusil dont ils dirigèrent le canon contre la poitrine du chef indigène, qui ne broncha pas, et se contenta de hausser les épaules avec un coup d'œil méprisant sur les armes.

Les yeux de Tinela s'écarquillèrent de terreur.

— Khalifan, dis à cette jeune fille de bien regarder son père. C'est elle qui va décider de sa vie ou de sa mort. Si elle pousse encore un cri ou se débat encore, ce sauvage renfrogné recevra en même temps deux coups de fusil. Veut-elle se taire et se tenir tranquille?

Quand le nègre eut traduit les paroles d'Osman, la malheureuse étouffa un sanglot; puis elle se tourna vers le chef arabe, lui lança un regard flamboyant, et baissa la tête en signe de soumission forcée.

— Ha! elle est domptée. Emmenez maintenant cet affreux M'shenzi.

Et, s'adressant aux autres spectateurs, Osman ajouta :

— Bassi! Vous pouvez vous retirer.

A mesure que la nuit s'avançait, les réjouissances, dans le camp arabe, prirent une tournure désordonnée. Les vainqueurs rivalisèrent d'ardeur à boire. Les moins ivres dansèrent et chantèrent jusqu'à ce que, ruisselants, ils tombassent sur le sol, à bout de forces.

Vers minuit, un gémissement étouffé, qui semblait provenir de la tente d'Osman, surprit les festoyeurs, qui, rassurés bientôt par le silence, se dirent en riant :

— Bah! la tigresse du maître montre encore les dents.

Les danses et les chants continuèrent joyeusement, les voix profondes des chanteurs s'unissaient au résonnement incessant des tambours et emplissaient d'échos la nuit calme.

Hébétés par le vin de palmes, les brigands étaient trop ivres pour remarquer qu'une forme souple se glissait hors de la tente d'Osman et disparaissait dans l'ombre.

Peu à peu, les chants et les danses cessèrent. Les feux qui s'éteignaient éclairaient de reflets livides les corps des bandits, vaincus par l'ivresse, et gisant endormis dans les positions les plus imprévues.

Au centre de la zeraba, les captifs indigènes étaient rassemblés en tas, et des ombres profondes les enveloppaient. Nul d'entre eux ne dormait.

Les ténèbres s'épaissirent. C'était l'heure qui précède l'aube. Le vent froissait les cimes de la forêt; la lourde haleine des dormeurs devint sonore et régulière, et, par intervalles, dans les marais voisins, les grenouilles coassaient lugubrement. Parfois une flamme jaillissait des tisons mal éteints et révélait une sentinelle accroupie et somnolente. Ou bien, une bûche à demi consumée roulait hors d'un foyer en répandant une pluie d'étincelles.

Les sentinelles dormaient aussi maintenant.

Des formes sombres, conduites par la jeune Tinela, escaladèrent sans bruit la palissade et, comme des fourmis, envahirent la partie obscure du camp. Si l'une des sentinelles avait eu la force de relever la tête, elle aurait aperçu le scintillement des lances et des coutelas meurtriers.

Il se produisait parmi les captifs une agitation silencieuse. Délivrés de leur liens, un par un, ils se levaient ramassés sur eux-mêmes comme des léopards prêts à bondir sur leur proie.

Un cri, une course précipitée et, le camp arabe ne fut plus qu'une scène de carnage.

Surpris dans leur sommeil, les Manyemas hésitèrent et tombèrent sous les coups des noirs assoiffés de vengeance. Adroits et prompts, les indigènes assaillirent les pillards, frappant et taillant comme des forcenés avec leurs armes tranchantes, tandis que, pris de panique les Manyemas survivants s'enfuyaient vers la tente d'Osman. Khalifan y entra, un tison flambant à la main. La lueur de sa torche éclaira le corps inanimé du chef. Osman ben Seïf avait le cœur transpercé par sa propre dague...

SOLIMAN,

LE CHASSEUR D'ESCLAVES

« Karib bouana! Entre dans ma maison, et, n'shallah, je te raconterai mon histoire. »

Ainsi parla mon hôte, Faradji Ibn Soliman, l'un des plus notoires chasseurs d'esclaves de l'Afrique centrale. Je me trouvais à cette époque au milieu des traitants arabes de la grande forêt africaine, et, comme le dialecte kaswahili qu'ils employaient m'était familier, je me réjouissais de pouvoir écouter directement le récit de leurs aventures.

Je connaissais Soliman, qui m'avait frappé par le raffinement de sa personne. Il était de haute taille et avait grand air. Rien dans ses traits n'aurait pu faire soupçonner le genre d'opérations auxquelles il se livrait. Ses manières affables et la grâce de ses gestes suggéraient l'idée de la cérémonieuse courtoisie d'un âge révolu. Je remarquai qu'il était généralement seul et qu'il parlait fort peu. Il y avait en lui comme une nuance de tristesse, et la chasse à l'homme était une occupation à laquelle il ne paraissait pas destiné. Il m'intriguait et je souhaitais de le connaître un jour. Petit à petit nous devînmes une paire d'amis. Ce soir-là, il me fit signe d'entrer sous sa tente. Il était tard.

Au dehors, les pillards s'étaient déjà étendus devant les feux pour dormir. Nous entrâmes dans une grande chambre éclairée par deux antiques lampes à huile. Des nattes et des coussins aux couleurs éclatantes couvraient une estrade à l'extrémité de la pièce. Des dagues aux fourreaux d'argent et des pistolets incrustés de nacre pendaient aux murs, et un parfum agréable et léger imprégnait l'atmosphère. Dans un coin, un grand nombre d'énormes défenses d'éléphant s'entassaient, produit de récentes expéditions.

Nous nous assîmes, les jambes croisées sur une large natte. Un grand esclave nègre entra, portant une cafetière de métal au bec allongé et il remplit deux petites tasses d'un café délicieux. Au bout d'un instant, quand l'esclave se fut retiré, Soliman entama son récit :

« Notre coutume est de commencer par le commencement. Je suis né à Zanzibar. Mon père s'appelait Soliman. C'était un Arabe de race pure, originaire de Mascate, dans le golfe Persique. Ma mère était une esclave noire qu'il avait capturée. Quand j'eus sept ans mon père partit pour un pèlerinage à la Mecque et il resta absent deux ans. A son retour, il portait une robe bleue et on lui donnait le titre de « Hadji », par égard pour la dévotion dont il avait fait preuve en visitant le tombeau du seul prophète de Dieu. Mon père devint alors marabout et il accompagna Hamed Ibn Mohamed, connu à présent sous le surnom de Tippo Tib, le chef des Arabes, pendant un long voyage à l'intérieur de ce vaste pays pour y chercher de l'ivoire et des esclaves.

« Tippo Tib et ses compagnons étaient de grands guerriers, et ils combattirent toutes les tribus sauvages qui habitaient les contrées qu'ils traversaient. Toutefois mon père ne combattait pas. En vertu de son pèlerinage à la Mecque, il était devenu le grand prêtre et, ses fonctions consistaient à indiquer à Tippo Tib quel était le meilleur mois pour ses expéditions contre les indigènes. Pendant l'absence de mon père, je demeurai avec ma mère à Zanzibar et un maître d'école ambulant m'apprit à lire et à écrire l'arabe.

« J'avais environ seize ans quand mon père revint, avec Tippo Tib. Il rapportait des richesses, car le voyage, qui avait duré six ans, avait été très profitable. Avec les sommes qu'il tira de sa part d'esclaves et d'ivoire, il acheta un vaste domaine et mena une existence confortable, surveillant les esclaves qui travaillaient dans ses plantations de cannelle et de girofle. Environ un an plus tard, comme je me promenais au bord d'un cours d'eau qui bordait notre propriété, j'aperçus une jeune fille très belle. Ses grands yeux doux étaient comme ceux d'une colombe et elle marchait avec la grâce d'une jeune gazelle. Je la suivis de loin et j'appris qu'elle était la fille d'un vieux prêteur hindou, qui vivait dans sa plantation de cocotiers, voisine du domaine de mon père. Jour après jour, je revins épier au même endroit et j'eus enfin le bonheur de revoir la jeune fille. Nous liâmes conversation, nous eûmes de fréquentes rencontres clandestines et nous nous aimâmes.

« Je savais parfaitement qu'il n'y avait guère d'espoir

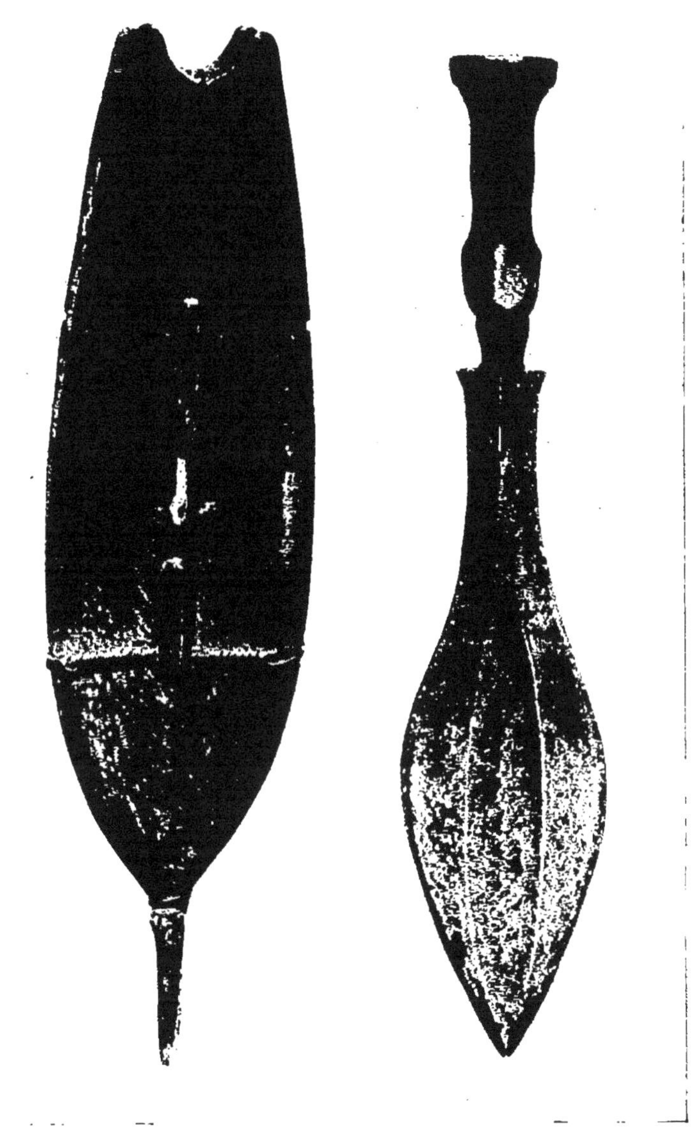

COUTEAU DE COMBAT ET SA GAINE — MANYEMA —

Collection de l'auteur.

que son vieux père, le riche Hindou, consentît à nous marier. Car malgré la situation de mes parents j'étais le fils d'une esclave nègre et j'appartenais, par conséquent, à une caste trop inférieure pour satisfaire l'orgueil de cet homme.

« Tandis que je m'ingéniais à trouver un moyen pour m'assurer la possession de ma fiancée, j'appris, à ma grande consternation, qu'un jeune Arabe riche, fils d'un des hauts fonctionnaires du Sultan, avait déjà demandé sa main et que le vieil Hindou la lui avait accordée. Mes chances d'obtenir celle que j'aimais étaient donc fort douteuses, et je compris que si je désirais faire de la jeune métis, ma femme, il fallait agir promptement et énergiquement. Je fixai à la jeune fille un rendez-vous, et louai un *dhow*, une barque à voile qui devait nous transporter loin de Zanzibar, à une ville arabe de la côte, où je me proposais de vivre dans la plus complète retraite avec ma belle épouse. Armé d'un pistolet et d'une dague, et accompagné d'un esclave, je me rendis au lieu habituel de nos rencontres d'où je comptais emmener ma fiancée jusqu'au rivage, où la barque était prête à nous conduire à destination.

« Il était tard. Dans le lointain, les voix affaiblies des esclaves qui chantaient après le labeur troublaient seules le silence ténébreux. Bientôt, les branchages s'écartèrent et, apeurée et tremblante, ma bien-aimée apparut devant moi :

« — Dépêchons-nous, mien! Je crains d'être suivie. Mon père a des soupçons. Fuyons tout de suite!

« Bien qu'alarmé par son évidente anxiété, je ne pus résister à la tentation de la serrer un instant dans mes bras. Pendant que je la tenais palpitante sur mon cœur, lui murmurant à l'oreille de tendres mots d'amour, je vis l'éclair d'un coup de pistolet. Après une seconde de stupéfaction, je m'aperçus que je ne tenais plus dans mes bras que le cadavre de celle que j'aimais. L'Arabe à qui elle était promise l'avait suivie à notre rendez-vous, et, aveuglé de rage jalouse, il l'avait tuée dans mes bras. Débordant de fureur, je saisis ma dague, bondis sur l'Arabe et le frappai au cœur. Mais la détonation de son pistolet avait jeté l'alarme. J'entendis des gens qui accouraient. Enlevant alors le corps inanimé de la jeune fille, je l'emportai en hâte vers l'embarcation dans laquelle je montai.

« La brise fraîche du soir nous éloigna rapidement de Zanzibar. Ma douleur était si grande que j'étais comme un homme privé de sens. Au jour, j'ordonnai au pilote de mettre le cap vers la terre. Nous atterrîmes parmi les récifs, et, ayant creusé de mes mains le sable, j'y déposai le corps glacé de celle que j'aimais. Tendrement, je refermai la tombe, sans cesser de chanter d'une voix sanglotante, en invoquant Dieu et Mahomet son prophète. Je voulais demeurer là, auprès de la tombe, mais l'équipage de la barque me força à revenir à bord. Mon amour et ma douleur étaient si profonds que je fus saisi d'une attaque de fièvre où je laissai presque ma vie. Mon esclave me soigna avec dévouement jusqu'à ce que j'eusse repris des forces.

« Le meurtre du fils d'un personnage aussi influent

qu'un haut fonctionnaire du Sultan rendait impossible mon retour à Zanzibar. Je courais le risque d'être décapité. Aussi attendis-je que Tippo Tib se remît en route pour une autre expédition dans l'intérieur, et avec divers délais et péripéties, je parvins à rejoindre sa caravane après un mois de trajet environ. A cause du prestige et de la réputation de mon père, Tippo Tib m'accueillit parmi ses compagnons et me confia le commandement d'un fort détachement de ses guerriers manyemas.

Nous engageâmes une lutte acharnée contre une grande tribu belliqueuse, appelée les Masaï, et la bataille se poursuivit pendant de nombreux jours, avec ses dangers constants et ses scènes de carnage. Dans mon cœur, la douleur était toujours aussi vive et l'image de la jeune Hindoue apparaissait devant mes yeux, pendant les jours paisibles et au milieu des pires scènes de la guerre.

« Enfin, après un voyage qui dura bien des lunes, nous arrivâmes au quartier général de Tippo Tib à Kizingiti. Comme je souffrais toujours de la même accablante tristesse, je demandai au chef de m'envoyer seul faire une expédition lointaine, où je finirais par me guérir de mon chagrin. Il accepta et, quelques jours plus tard, il me donna quatre cents hommes armés et m'enjoignit de m'avancer en droite ligne à travers la grande forêt, dans la direction du couchant, et de ramener autant d'esclaves et de défenses d'ivoire qu'il serait possible d'en amasser en vingt-cinq lunes. Je me mis en route, et il ne se passa pas de jour que nous n'eussions à combattre des multitudes de Washenzy qui faisaient retentir la forêt de leurs hurle ments et de leurs cris de guerre.

« Un jour, l'un des soldats d'avant-garde donna l'alarme. Quand nous le rejoignîmes, je trouvai plusieurs de mes hommes dont les pieds étaient ensanglantés. Tout au long des étroits sentiers d'éléphants qui coupaient la forêt dans tous les sens, nous découvrîmes des bâtonnets de bois très dur, appointis et placés de façon à blesser les pieds de quiconque ne serait pas prévenu.

« C'est l'œuvre des Ouat-ouas, des nains, déclarèrent plusieurs de nos hommes. Nous sommes ici dans leur contrée, et il sera bon de tenir nos fusils prêts.

« A peine avaient-ils achevé, qu'il se fit un bruit comme d'une pluie qui tombe et une averse de petites flèches de bois aux pointes aiguës s'abattit sur nous. J'ordonnai de tirer une volée de coups de feu dans toutes les directions. Quand le bruit de la décharge se fut dissipé, l'air était plein de cris et de gémissements. Après avoir pris la précaution de recharger nos fusils, nous nous glissâmes à travers les broussailles et nous trouvâmes plusieurs bizarres petits individus, dont quelques-uns étaient inanimés et d'autres gisaient blessés sur le sol.

« D'abord, malgré leurs blessures, ces petits démons essayèrent de nous lancer, avec leurs arcs minuscules, de nouvelles flèches empoisonnées, mais s'aperçevant qu'on se bornait à rire de leur colère, ils laissèrent tomber leurs armes, pleins de crainte et d'ahurissement.

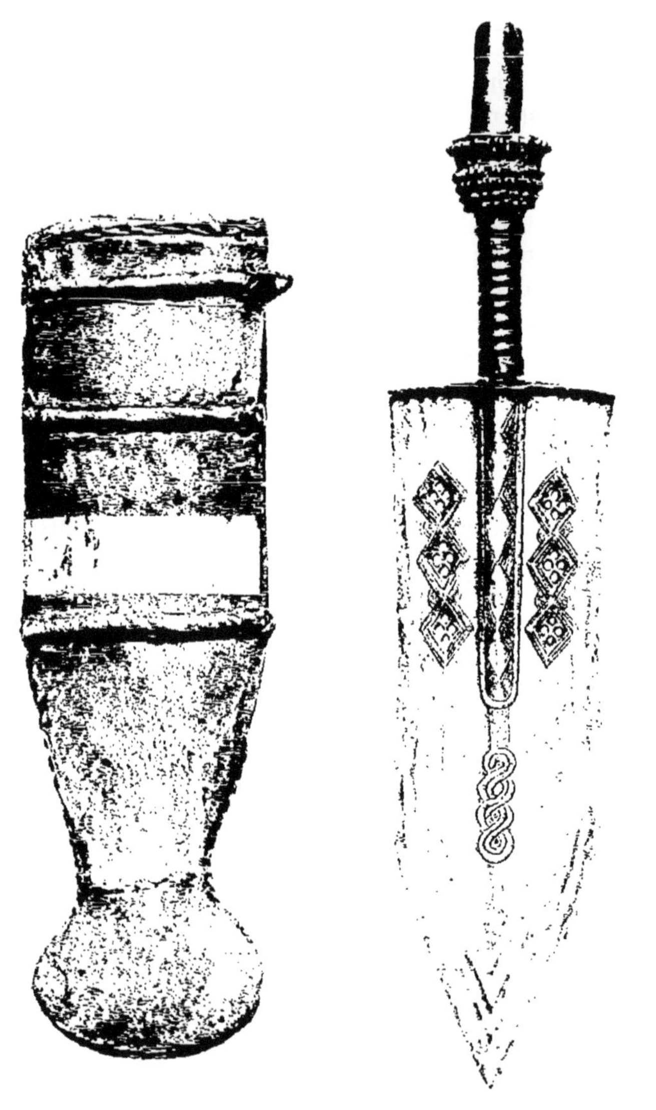

COUTEAU DE COMBAT ET SA GAINE — RUA —

Collection de l'auteur.

« Quatre d'entre eux étaient tués, mais les autres, à quelques exceptions près, n'avaient que de légères blessures; dans la plupart des cas, ce fut la frayeur causée par le vacarme des détonations plutôt que la gravité des blessures qui les avait fait rester sur le sol. Quand les nains comprirent que nous manifestions des dispositions amicales, ils s'esclaffèrent et indiquèrent du geste une certaine direction, voulant évidemment désigner l'emplacement de leurs villages.

« Ramassant les petits sauvages, mes guerriers Manyemas, qui, par contraste, paraissaient des géants, les portèrent sur leurs bras et, suivis du reste de la caravane, nous partîmes dans la direction indiquée.

« Nous avancions depuis peu de temps quand nous aperçûmes des colonnes de fumée montant parmi les arbres, et quelques minutes plus tard nous nous trouvâmes au milieu d'un campement désert.

« Les nains furent déposés tous ensemble sous un arbre, et, toujours riants, ils indiquèrent les huttes abandonnées en proférant une succession d'appels étranges qui ressemblaient à des cris d'oiseau. Des notes identiques y répondirent et, peu à peu, le village s'emplit à nouveau d'une multitude de nains fort curieux.

« Le village des Pygmées se composait de groupes de cases sans disposition régulière et construites avec des herbes, en forme de ruches. De petites ouvertures carrées, près du toit, servaient de porte. Tout autour du village les arbres les plus grands avaient été coupés à une hauteur de vingt ou trente pieds au-dessus du sol.

Les grands troncs blancs, autour desquels des branches énormes et des rameaux s'entremêlaient en une confusion inextricable, rendait l'approche du village, par le côté de la forêt, extrêmement difficile, et les rusés Pygmées employaient ce stratagème pour se protéger efficacement contre le danger d'une attaque imprévue. Les cases elles-mêmes étaient fort primitives et d'une structure rudimentaire. On n'y voyait aucun vestige de poterie ou d'autres ustensiles domestiques et l'aspect entier du village suggérait l'idée d'un campement temporaire.

« Le seul vêtement des Pygmées se composait d'un bouquet de feuilles suspendu à un cordon noué autour de leur taille. Le lobe de leurs oreilles était percé de plusieurs trous dans lesquels passaient de petits anneaux de fer qui se heurtaient quant ils remuaient la tête.

« Après en avoir interrogé un grand nombre, je trouvai un de mes esclaves indigènes qui comprenait quelques mots de leur langage. Mais il en savait, somme toute, si peu qu'il paraissait impossible d'obtenir des réponses satisfaisantes à aucune de mes questions. A la fin, cependant, un nain anormalement vigoureux et qui semblait être un chef, s'avança, et à la surprise de mon esclave, il s'adressa à lui dans son propre langage. Mais même dans ces circonstances plus favorables, il était encore singulièrement difficile d'entretenir une conversation intelligible, car les paroles du nain devaient être interprétées deux fois. Finalement, nous apprîmes que le principal village de la tribu était situé à quelques milles plus loin et qu'il s'y trouvait d'importantes réserves d'ivoire. D'après l'expression même du chef ils possédaient plus de défenses d'éléphants qu'aucun homme n'en pouvait compter en quatre jours.

« La caravane s'enfonça à nouveau dans la forêt obscure, et, tandis que nous marchions guidés par le chef, nous étions accompagnés par une foule toujours plus nombreuse de Pygmées qui, tout en bavardant bruyamment, bondissaient parmi les arbres comme des singes.

« Lorsque nous arrivâmes devant la palissade qui encerclait entièrement le mystérieux village, la nuit commençait à tomber, et je désirais fort camper à l'extérieur de ces fortifications à l'aspect formidable. Mais, contre mon gré, je cédai aux instances de mes gens qui se promettaient un bon souper et une soirée de réjouissances avec les petits sauvages.

« Nous pénétrâmes dans l'enclos par une porte très étroite au-dessus de laquelle était suspendu perpendiculairement un tronc pesant, et mes hommes étaient obligés de se glisser un par un par cette ouverture. A l'intérieur nous contemplâmes, émerveillés, un spectacle inattendu. Devant nous, aussi loin que la vue s'étendait, dans le demi-jour qui s'obscurcissait rapidement, se trouvait rassemblée une multitude de pygmées surexcités, qui poussaient des cris et des hurlements. L'enclos était parsemé d'un grand nombre de petites huttes rondes, devant la plupart desquelles un feu brûlait, avec une odeur écœurante.

« C'était une scène indescriptible, et avant même que nous fussions revenus de notre ahurissement, nous fûmes conduits dans un coin du village où on nous invita à camper pour la nuit. Malgré ces surprises successives, je remarquai auprès de chaque hutte des piles de grandes défenses d'éléphant.

« Lorsque mes gens se furent débarrassés de leur chargement d'ustensiles, de munitions et d'ivoire, la nuit était complètement venue, et seules les flammes dansantes des feux de bois nous éclairaient. Tout autour de nous, pendant que nous nous installions, les pygmées criaient, se querellaient, se bousculaient entre eux pour mieux voir ce que nous faisions.

« Nous achevâmes nos préparatifs nocturnes, et alors le petit chef sauvage qui nous avait amenés jusqu'à ce village reparut soudain, accompagné d'une cinquantaine de ses partisans qui portaient tous d'énormes gourdes pleines de vin de palme fermenté. En même temps que cette boisson enivrante, ils s'étaient munis d'une grande quantité de viande d'antilope séchée que le chef pygmée nous offrit avec une politesse bizarre. En peu de temps, grâce à ces cadeaux, une parfaite bonne humeur régna entre nos hôtes et nous.

« Vers minuit, peu à peu, les Pygmées se retirèrent dans leurs huttes, et une demi-heure après, le village entier semblait tranquille et paisible. Accablés par les fumées du vin de palme, qui était un luxe inaccoutumé, mes hommes, aussi bien mes soldats manyemas que mes esclaves indigènes, tombèrent dans un profond sommeil. Les feux s'éteignaient, et moi-même, si

CROQUIS PAR L'AUTEUR

vigilant d'habitude, je ne pris pas garde à des bruits de pas étouffés, à de mystérieux chuchotements qui continuèrent pendant plus d'une heure après que mes gens furent endormis. Une fois, cependant, nous fûmes à demi réveillés par un craquement qui paraissait venir du côté de l'étroite entrée, mais, ayant prêté l'oreille quelques instants et ne percevant rien d'alarmant, nous nous rendormîmes.

« — Ma ma! s'écria soudain l'un des Manyemas, et cet appel, suivi d'un affreux cri perçant, nous éveilla brusquement.

« En une seconde nous fûmes sur pied et saisîmes nos fusils. La nuit était très noire et tous les feux du village avaient été éteints. Ahuris et désorientés, nous nous demandions en quel lieu vraiment nous nous trouvions.

« Avec des hurlements diaboliques qui tout d'abord nous glacèrent le sang, nous fûmes assaillis par des centaines de Pygmées assoiffés de carnage, qui se précipitaient sur nous frénétiquement et nous frappaient avec leurs lances et leurs coutelas tranchants. Mes gens répondirent par une fusillade affolée, mais comprenant dans quelle situation désespérée nous étions, — virtuellement prisonniers dans le camp des Pygmées, — ils raffermirent leur tir, et chacun se défendit courageusement contre les attaques féroces de ces démons, qui luttaient jusqu'à ce qu'ils fussent criblés de balles et de mitraille.

« Pendant plus de trois heures, le combat se poursuivit avec une fureur qui ne se ralentit pas. Les ténèbres épaisses étaient déchirées par l'éclair de nos armes qui crachaient dans la cohue des volées de balles. Les cris poussés par les assaillants à chaque nouvel assaut se mêlaient aux gémissements des blessés et quelquefois les étouffaient.

« Bientôt pointa la lueur grise et froide du jour qui approchait. A mesure que les ténèbres se dissipaient, les Pygmées s'enfuyaient hors de la palissade, dans la forêt, laissant derrière eux des tas de morts et de blessés accumulés en demi-cercle devant le front de bataille que nous avions défendu avec l'énergie du désespoir. Quand il fit assez jour pour que nous pussions distinguer ce spectacle terrifiant, un cri aigu fut poussé dans la forêt, auquel répondirent des centaines de gorges rauques; presque aussitôt, les indomptables Pygmées se mirent de tous côtés à escalader la palissade, comme des myriades de fourmis franchissant un obstacle.

« Des volées de balles leur furent envoyées, et les assaillants culbutaient en grand nombre, tandis que de véritables nuages de lances et de flèches s'abattaient sur mes pauvres Manyemas et mes esclaves. Les Pygmées, revenaient incessamment à l'assaut par centaines, et, finalement, mes soldats manyemas et mes esclaves, frappés de panique, lâchèrent pied, avec de grands cris de désespoir, et d'une poussée irrésistible, faisant une brèche dans la palissade, ils s'enfuirent en débandade dans la forêt. Les Pygmées en profitèrent pour nous assaillir avec plus de vigueur et mes esclaves en grand nombre furent atteints par des lances aiguës et des flèches empoisonnées.

« Mais dès que nous eûmes franchi la palissade, les nains abandonnèrent la lutte afin de piller sans tarder les charges de munitions et d'ivoire que nous avions été forcés d'abandonner. Profitant à mon tour de ce répit, je réussis à rassembler mes gens au sommet d'un petit monticule boisé. C'est là que nous soutînmes le dernier choc.

« Les Pygmées ne tardèrent pas à reprendre l'offensive, mais, du point élevé que nous occupions, mes Manyemas purent, plus facilement que dans le village où nous étions gênés par la palissade, repousser les assauts. Devant la mort d'un si grand nombre d'entre eux, les Pygmées, au lieu de montrer des signes de lassitude, devenaient au contraire plus acharnés et, de temps à autre, leur cohue s'augmentait d'un renfort de petits guerriers qui survenaient à travers la forêt.

« Pendant toute la journée, mes Manyemas combattirent vaillamment, mais, vers le coucher du soleil, ils manifestèrent quelque inquiétude, car leurs munitions étaient presque épuisées. La nuit tombait lorsque les Pygmées se lancèrent contre le monticule pour un assaut définitif. Mes Manyemas fléchirent, firent volte-face et s'enfuirent pêle-mêle dans la forêt, poursuivis par ces minuscules démons.

« Après un moment d'hésitation, demeuré seul avec trois de mes chefs qui ne m'avaient pas quitté depuis le commencement, je profitai de l'instant où les Pygmées se dispersaient afin de pourchasser les fuyards, pour m'élancer dans une direction opposée.

« Je ne saurais vous dire les souffrances que nous

endurâmes, mes compagnons et moi, après notre fuite. Nous étions perdus dans la forêt vierge. Sans autre nourriture que des racines à ronger, nous rampions tout le jour à travers les taillis dans la direction de l'Est. Pour éviter d'être la proie des léopards nous dormions dans les branches des arbres. A la fin, j'arrivai sur les bords du fleuve et découvris un camp arabe. Des cinq cents hommes qui formaient l'expédition, j'étais le seul survivant...

« Mais tout cela est arrivé il y a bien des années, quand j'étais jeune. Depuis lors, j'ai toujours été victorieux, et je possède maintenant autant d'esclaves que le grand Tippo Tib lui-même. Pourtant, avec toute ma prospérité, même après tant d'années de vie aventureuse, je n'ai jamais oublié mon chagrin. Dans le silence de la nuit, ici, au cœur de la forêt immense, je rêve des jours de ma jeunesse...

« — Oui, il est tard... Bonne nuit. »

Je me levai et laissai mon hôte occupé à marmonner son chapelet dont les grains glissaient entre ses doigts.

HISTOIRE
D'UNE DÉFENSE D'ÉLÉPHANT

Yabouli est situé sur une large rivière, l'Aruwumi, qui se jette dans le Congo à quinze cents milles de la côte de l'Atlantique. Le village était à mon arrivée dans un désordre indescriptible et les habitants me parurent en proie à une tristesse que la colère de certains d'entre eux dissimulait mal. Pendant la nuit un troupeau d'éléphants avait saccagé les plantations. Une telle pluie était tombée que les vieilles femmes même, dont la vigilance est proverbiale là-bas, avaient négligé leurs devoirs, et n'avaient songé qu'à regagner l'abri de leurs cases.

Comme il arrive fréquemment sous ces latitudes, à la pluie de la nuit avait succédé un matin radieux et le ciel ensoleillé était sans nuages.

L'aspect du village offrait un violent contraste avec les beautés de la nature environnante. Les huttes ruisselantes étaient à demi écrasées sous le fardeau de leur toit d'herbe détrempée. Des flaques d'eau sale coupaient les ruelles jonchées de palmes, d'herbes et de branchages jetés bas par la tempête.

Une bande de sauvages nus qui parlaient tous à la

fois sur un ton enflammé, étaient rassemblés autour du siège où trônait un des chefs du village. C'était un homme puissamment charpenté et sa physionomie avait une expression de férocité extrême. Aux chevilles et aux poignets, il portait des anneaux de cuivre et de fer poli, et au cou, un collier de dents humaines. Il s'appelait Ioko, et ses prouesses ainsi que son caractère impérieux en avaient fait un chef redoutable.

Assis sur un tabouret grossièrement sculpté, il écoutait paisiblement le tumulte des voix; mais, perdant soudain patience, il se leva et, d'un geste autoritaire, imposa silence...

— Hommes de Yabouli, écoutez! s'écria-t-il. Cette nuit, les éléphants nous ont volé notre nourriture. Il y a deux mois, les hippopotames ont écrasé nos cassaves et nos cannes à sucre et en ont mangé les racines. Les temps nous sont défavorables, car, non seulement nos champs sont dévastés, mais le bétail est continuellement enlevé par les léopards. Hommes de Yabouli, l'esprit mauvais s'acharne contre nous!

Un murmure confus s'éleva qu'interrompirent les cris aigus d'une femme qui glapissait dans une hutte voisine.

— Je sais pourquoi les éléphants sont venus, reprit le chef. Vous vous souvenez de cet énorme éléphant, aux grandes oreilles, de ce vieil éléphant qui n'a qu'une défense... Celui que nous appelons Litoï Linéné... C'est lui qui a conduit les autres à nos plantations car l'esprit mauvais est dans son cœur depuis le jour où Ioko a voulu le frapper de sa lance, dans la forêt. Nous n'aurons aucune tranquillité tant que Litoï Linéné ne sera pas tué.

Des acclamations saluèrent ce discours et après une heure de discussions inutiles mais animées, il fut décidé qu'on placerait des pièges en plusieurs endroits pour exterminer l'éléphant désigné.

Les hommes alors partirent en diverses directions et s'avancèrent fort loin dans la forêt. Ils fixèrent des lances aiguës à de lourds rondins de bois qu'ils suspendirent adroitement à des branches d'arbre par un ingénieux arrangement de lianes minces, de sorte qu'en passant au-dessous, le lourd pachiderme romprait fatalement les attaches : la lance et son poids tomberaient et infligeraient à l'animal, dans le dos ou à l'épaule, une blessure souvent mortelle.

Jusqu'au coucher du soleil, presque tous les hommes de la tribu furent occupés à disposer ces engins dans les passages de la forêt que fréquentaient les éléphants. Les femmes s'efforçaient de réparer le dommage causé aux plantations. Vers le soir, tout le monde rentra au village désert pour prendre, avant de dormir, le repas de manioc et de bananes.

La nuit était fort obscure et tout semblait présager une tempête de vent et de pluie aussi violente que celle de la nuit précédente. Dans les huttes, tous les habitants du village dormaient sauf deux ou trois femmes assises devant les feux et berçant sur leurs bras des enfants qui pleuraient. Bientôt, elles rentrèrent aussi et les premières rafales de vent firent voltiger des bouquets d'étincelles autour des brasiers mal éteints, chassant les chiens efflanqués en quête de quelque nourriture problématique et qui revenaient peu après se coucher en rond autour des cendres chaudes.

A mesure que les ténèbres s'apaississaient, l'atmosphère devenait étouffante et de furieuses bourrasques secouaient les frondaisons, cassant les branches mortes.

Très loin, dans la partie la plus touffue de la forêt, un vieil éléphant dressait debout son énorme masse. Une de ses défenses, endommagée jadis, au temps de sa jeunesse, s'était peu à peu gâtée et avait fini par tomber. L'animal penchait la tête en arrière pour reposer sur le sol son unique et monstrueuse défense. Sa trompe légèrement enroulée s'appuyait aussi à terre, et ses vastes oreilles déchiquetés s'agitaient dans le vain effort de chasser les myriades de moustiques qui le harcelaient.

La lueur fulgurante d'un éclair illumina la forêt, qu'ébranla presque aussitôt un formidable roulement de tonnerre. L'éléphant avec un tressaillement d'effroi qui secoua tous ses membres, releva la tête.

A peine les échos lointains du tonnerre se furent-ils tus, que la pluie se mit à tomber à torrents. Les éclairs se succédaient avec une rapidité telle que les éclats du tonnerre se confondaient en un grondement continu. Le vent augmentait sans cesse de violence et ce fut bientôt le cyclone tropical.

Les arbres déracinés s'abattaient autour de l'éléphant que la terreur clouait sur place. Mais l'ouragan redoublant, le monstre, tout à coup pris de panique, partit en une course affolée à travers les fourrés épais,

ARTISTE INDIGÈNE

Statue en bronze par l'auteur, médaille de seconde classe, Salon 1910.

trébuchant et culbutant par-dessus les troncs abattus dans ses efforts pour gagner une clairière où il serait à l'abri du danger.

On aurait pu voir, à la lueur des éclairs, l'animal terrifié, fonçant aveuglément la tête basse et la trompe repliée à travers la forêt immense.

Soudain, l'éléphant s'écroula sur le sol avec un barrissement de douleur. Dans sa course inpétueuse, le gigantesque animal avait rompu les lianes qui maintenaient le piège disposé la veille et la lance acérée avait pénétré entre les épaules. Pendant quelques instants, la bête blessée demeura immobile; puis elle roula lentement de côté et d'autre la masse énorme de son corps, essayant de se débarrasser de la lance acérée. Mais l'arme était barbelée et elle avait pénétré trop profondément pour être aisément arrachée.

L'animal parvint pourtant à se remettre sur ses jambes et à franchir encore, en chancelant, une courte distance. Affaibli par le sang qu'il perdait en abondance, il s'arrêta pour se reposer et s'appuya de tout son poids contre un arbre, respirant péniblement et poussant des gémissements d'agonie. Jusqu'au jour, il resta ainsi, épuisé, couvert de boue et de sang coagulé.

Bientôt, la pluie cessa et le vent s'apaisa. Aux premières lueurs de l'aurore, dans le village, les petites portes des huttes furent enlevées et des formes sombres, de longs javelots à la main, sortirent en s'étirant.

Ayant arrangé, en hâte, les minces bandes d'écorce

battue qui leur ceignaient les reins, les hommes partirent, vers la forêt encore obscure, pour visiter les pièges.

Parvenue à l'orée, la grande file se divisa en plusieurs groupes. Ioko se détacha de ses compagnons et prit une route toute différente. A deux milles environ du village, il s'arrêta brusquement, fit claquer ses doigts, plaça sa main sur sa bouche ouverte et se parla à voix basse :

— Voilà une piste d'éléphant, large comme un sentier.

Il s'y engagea et arriva en vue du piège qu'il avait dressé la veille. Sa surexcitation fut grande quand il vit que la lance avait disparu et qu'au-dessous l'herbe et les feuilles étaient maculées de sang. Les traces sanglantes l'amenèrent jusqu'à une énorme fourmilière auprès de laquelle il fit halte un moment pour extraire une épine enfoncée dans son pied. Un gémissement bruyant le fit tressaillir, et s'avançant avec précaution, il aperçut sa proie appuyée, de toute sa masse énorme, contre un tronc puissant.

— Lo-o-o! C'est Litoï Linéné, le mauvais, murmura Ioko, haletant.

Il épia longtemps l'animal avant de se résoudre à lui porter le coup mortel. Puis serrant fermement sa lourde lance dont la hampe avait bien huit pieds de long, il se dirigea sans bruit vers l'éléphant moribond. Arrivé à portée de l'épaule gauche de l'animal, il balança son arme et d'un élan forcené la plongea jusqu'au cœur de la bête. Aussitôt, il bondit de côté sous le couvert des arbres. Avec un terrible cri de douleur, Litoï Linéné se redressa, fit quelques pas, chancela et tomba inanimé sur le sol.

Ioko poussa un cri qui retentit à travers les futaies, et qui amena bientôt sur les lieux quelques-uns de ses compagnons. Dissimulant sa joie, Ioko se mit tranquillement à dégager des chairs de l'animal son épieu barbelé. Puis, il examina l'énorme défense et dit aux autres chasseurs :

— Maintenant, le mauvais esprit est mort : Litoï Linéné n'amènera plus dans nos plantations de malfaisants éléphants.

En un instant, la curée devint indescriptible. Munis de coutelas, les chasseurs surexcités commencèrent à tailler, dans la carcasse encore chaude, de gros morceaux de chair qu'ils lancèrent aux femmes et aux enfants. Ceux-ci se pressaient tour à tour avec des paniers et se querellaient comme des bêtes fauves à chaque morceau qui leur était jeté. Tous exultaient de joie à la perspective du festin prochain.

A la nuit, Ioko, seul, enfouit l'énorme défense de Litoï Linéné dans un marécage à l'écart des habitations, de sorte que nul autre ne connut sa cachette.

Les peuplades de la région de l'Aruwumi entretiennent rarement entre elles des relations amicales; souvent, elles s'attaquent à l'improviste pour satisfaire leurs goûts anthropophages. Comme les défenses d'ivoire ont une valeur reconnue, égale à celle d'un être humain, c'est la coutume dans chaque village de cacher dans la forêt toutes les défenses dont on dépouille les éléphants mis à mort. Le possesseur de ces richesses ignorées peut alors s'en servir pour payer la rançon de ses compagnons ou de ses compagnes qui ont eu la malchance de tomber entre les mains de l'ennemi.

Pendant cinq ans la défense de Litoï Linéné demeura enfouie sous la boue et les hautes herbes du marais empuanti. Aucun humain ne risquait le pied dans cette fondrière. A de rares intervalles seulement, le silence y fut troublé par des bandes d'indigènes en quête de miel sauvage ou pourchassant quelque antilope. De loin en loin, sous la torride chaleur de midi, un buffle solitaire venait se rafraîchir en pataugeant dans la boue liquide, et parfois un troupeau d'éléphants, vagabondant en file sous la conduite de quelque vieux mâle irritable s'engageait en barbotant au plus profond de la boue dont ils s'éclaboussaient en faisant claquer leurs grandes oreilles.

Chaque soir, un brouillard chargé de miasmes enveloppait le marais comme un voile soyeux et planait autour des grands roseaux longtemps encore après le lever du soleil.

Pendant ces cinq ans, il n'y eut rien de changé dans le village de Yabouli. Les sentiers suivaient des directions quelque peu différentes et un grand nombre de huttes avaient été reconstruites. Les herbes, les feuilles et les matériaux légers soutenus par des tiges de maïs, qui formaient les habitations, pourrissaient vite, et il fallait à chaque saison les réparer et les reconstruire au bout de quelques années.

STANLEY POOL DEVANT BRAZZAVILLE

Photographie de l'auteur.

Un jour des indigènes qui étaient descendus pêcher au confluent de l'Aruwumi et du Congo, près du village de Basoko, revinrent dans un état de grande surexcitation. Ils rapportaient des récits extraordinaires d'un combat qui avait eu lieu quelques jours auparavant entre les guerriers de Basoko et une bande d'étrangers qui descendaient le Congo dans des canots de guerre. Cet événement remarquable, avait été grandement embelli par les Basokos, selon la coutume africaine, et les pêcheurs de Yabouli en firent à leur tour un récit encore plus fantastique quand ils le répétèrent à la foule qui, à leur retour, se pressait sur la rive, attirée par leurs appels :

— Oukou-Oukou-ou! Oukou-Oukou-ou, ou-ou! Venez! Venez! Venez!

— Le chef des étrangers était entièrement vêtu d'étoffes. Son visage était blanc et resplendissait comme le reflet du soleil sur les eaux du fleuve! affirmaient-ils.

— Ekh! s'exclamait la foule.

— Le chef étranger n'avait qu'un œil!

— Lo-o-o-o!

— Un œil au milieu de son front!

— A-yah! A-yah! clamait la foule en battant des mains.

— Quand les Basokos partirent dans leurs canots pour capturer les étrangers, ils criaient : Viande! Viande! car ils se proposaient de manger leurs corps. Mais les étrangers ne se laissèrent pas capturer et ils tuèrent un grand nombre de Basokos avec des bâtons qui lançaient le tonnerre et des éclairs. Ils parlaient un langage étrange. Ils étaient vêtus d'étoffe rouge et d'étoffe bleue et leurs têtes étaient couvertes d'étoffe blanche. Ils continuèrent à descendre le courant en bafouant les Basokos.

A la fin de chaque phrase, la foule poussait des exclamations. Les femmes élevaient la voix et criaient que l'esprit mauvais était au fond de tout cela, et que des jours de malheur menaçaient la contrée.

Pendant plusieurs jours, il y eut des conversations animées sur les étrangers, car jamais, de mémoire d'homme, on n'avait entendu parler de gens semblables.

Le chef des envahisseurs dont la face pâle, disaient les noirs, brillait « comme le soleil sur les eaux », n'était autre que Stanley, accompagné de sa vaillante petite bande de Zanzibarites. A l'époque où il passa devant Basoko, il voyageait déjà depuis deux ans dans l'Afrique centrale pour résoudre les problèmes géographiques qui avaient jusqu'ici intrigué le monde entier, et auxquels le courageux et noble Livingstone avait consacré tant d'années de sa vie, mourant à la peine, alors qu'il était à la veille du succès.

Vers la même époque, les Arabes venus de la côte est avaient établi à Nyanwé leur poste avancé dont le chef était le fameux Tippo Tib. Peu après le départ de Stanley qui descendait le Congo, Tippo Tib persuada à ses compagnons d'entreprendre le même voyage. Ils recrutèrent alors chez les Manyemas un grand nombre de guerriers, et, combattant tout au long de la route, ils descendirent le fleuve jusqu'à la cataracte de Kizingiti où Tippo Tib s'érigea chef des bandes arabes. De ce point, dénommé plus tard Stanley Falls, il envoya dans différentes directions, sous la conduite de ses acolytes, de véritables meutes de Manyemas qui devaient par tous les moyens extorquer aux naturels leurs réserves d'ivoire. Généralement, chacune de ces bandes était divisée en sections de vingt à trente hommes armés, fournis par un des séides de Tippo Tib et elles élisaient chacun leur chef, choisi parmi les guerriers de caste plus élevée. Tippo Tib fournissait pour sa part le plus grand nombre d'hommes et nommait lui-même le chef de l'expédition.

Quand après plusieurs mois d'absence, ces bandes revenaient au quartier général avec l'ivoire et les esclaves qu'elles avaient capturés, le butin était partagé entre les Arabes proportionnellement au nombre d'hommes fournis. L'ivoire était expédié par canots à Nyangwé. De là, des caravanes d'esclaves l'emportaient par terre jusqu'à la côte de l'est, le voyage durait de six mois à un an.

La défense unique de Litoï Linéné demeura cachée dans le marécage pendant de longues années. La nouvelle génération avait perdu tout souvenir de l'existence de Litoï Linéné lui-même, et ses os massifs étaient depuis longtemps recouverts par les herbes et les buissons qui avaient surgi du sol engraissé du reste de sa dépouille. L'existence de sa défense, seul vestige de sa puissance redoutable, était sans doute oubliée, sauf du prudent Ioko.

Peu après que Tippo Tib eut occupé Stanley Falls, en 1879, des rumeurs se répandirent à Yabouli et dans les villages environnants relatant les méfaits des Manyemas. Les chefs se réunirent pour chercher ensemble les raisons de cette invasion. Moins de trois ans après le combat que Stanley livra aux Basokos, à l'embouchure de l'Aruwimi, les mercenaires manyemas attaquèrent et détruisirent plusieurs centres de population sur le cours supérieur de la rivière. Quittant les rives du Congo, ils avaient traversé la grande forêt, et, descendant l'Aruwimi en pirogues, ils avaient, sur leur route, ravagé tous les villages, capturant les hommes et les femmes et exigeant des naturels assez heureux pour s'échapper, d'énormes rançons en ivoire pour le rachat des prisonniers. Bien que les gens de Yabouli prissent toutes les précautions possibles contre une surprise, ils avaient le pressentiment d'un malheur proche et une sorte de morne inquiétude s'abattit sur les habitants. Ils se rendaient compte de leur isolement, sachant que leurs voisins leur étaient hostiles et les malheureux vivaient dans un état de crainte proche de la panique.

Le jour fatal arriva. De bonne heure, un matin, avant le lever du jour, les noirs furent réveillés par la fusillade des Manyemas. La forêt d'alentour fourmilla d'hommes armés qui, de tous côtés, se précipitèrent sur les cases, déchargeant leurs armes soit en l'air, soit contre les portes des huttes, soit contre les sauvages affolés qui s'enfuyaient vers la forêt. Quelques-uns des plus braves firent face à l'ennemi, lançant

L'AUTEUR SUR SA PIROGUE. EXPÉDITION STANLEY

leurs sagaies et leurs coutelas contre leurs assaillants, mais ils tombaient l'un après l'autre, fusillés par leurs impitoyables ennemis. Après avoir déchargé leurs vieux mousquets, la plupart des Manyemas se précipitèrent sur les naturels et les assommèrent à coups de crosse. Les femmes, qui essayaient d'emporter leurs enfants sous le refuge de la forêt, furent bientôt rattrapées par les Manyemas qui les renversèrent brutalement et les ligotèrent. Les deux tiers des femmes et des enfants furent ainsi capturés, y compris l'épouse favorite de Ioko. Mais la plupart des hommes et quelques femmes purent gagner la forêt, et du nombre fut Ioko, qui avait été atteint cependant par une décharge de mitraille.

Les fugitifs se rassemblèrent peu à peu à l'abri des bois, et, vers le soir, ils avaient construit quelques huttes avec des branchages et de larges feuilles, qui, disposées comme des tuiles protégeaient contre la pluie. Ce campement primitif était fort éloigné du village désormais au pouvoir des Manyemas.

Le chef des bandits arabes, Muini Khamici, s'était installé dans la plus grande hutte, celle du malheureux Ioko, et les vainqueurs disposèrent autour des cases une palissade grossière pour se garder contre toute attaque nocturne.

Les corps de ceux qui avaient été tués pendant la bataille furent jetés à la rivière et les prisonnières, nues et tremblantes de peur, les mains liées derrière le dos, étaient rassemblées en une seule troupe sous la garde de quelques hommes armés. D'autres maraudeurs allaient de hutte en hutte et s'emparaient des objets domestiques abandonnés.

Quelques jours après l'attaque du village, les Manyemas envoyèrent porter un message aux fugitifs, par deux captives vieilles et par conséquent de peu de valeur.

— Allez vers les hommes qui ont cherché refuge dans la forêt, leur dit Muini Khamici. Dites-leur que leurs femmes sont vivantes et que nous les leur rendrons quand ils nous apporteront les défenses d'ivoire qu'ils ont cachées dans les bois : nous leur rendrons une femme par défense. S'ils ne viennent pas avec l'ivoire avant cinq jours, nous emmènerons les femmes dans un autre pays et nous les vendrons à des peuplades qui les tueront pour les manger. Kwanda!

Quand les deux malheureuses vieilles eurent compris qu'elles étaient libres, elles s'élancèrent dans la forêt, se frayant un chemin avec une merveilleuse agilité, à travers les fourrés. Finalement elles s'arrêtèrent hors d'haleine et secouées d'un tremblement nerveux.

— Oh! ma-ma-ma-ma-a-a! criaient-elles en une lamentation monotone, affalées à terre. Puis, reposées et reprenant courage, elles se remirent en route, lançant de longs appels. Du lointain, une réponse leur parvint. Elles partirent dans cette direction et rejoignirent bientôt la cohue anxieuse des fuyards qu'apeurait le moindre bruit.

Trop effrayées d'abord pour répondre aux questions que tous posaient, à la fois les femmes finirent cependant par expliquer la mission dont elles étaient chargées. Pleins de colère, les hommes faisaient claquer leurs doigts et grincaient des dents. Ioko, silencieux et courroucé, alla s'asseoir à l'écart de ses bruyants compagnons. Kaolengé (la Forte) et son jeune fils étaient restés aux mains des Manyemas, et le malheureux avait le cœur torturé. Le sauvage africain est apparemment incapable d'aucune affection constante, mais parfois il éprouve un attachement tendre, primitif et brutal, pour une épouse favorite. Ioko avait presque perdu tout espoir de recouvrer Kaolengé ; mais bientôt, sachant par quel moyen il pourrait la racheter, il reprit courage et décida qu'il offrirait aux Manyemas son bien le plus précieux, la défense de Litoï Linéné.

Au cœur de la nuit, muni d'un tison ardent pour s'éclairer, Ioko se rendit au marécage où la défense était toujours enfouie. Il fouilla le sol mouvant avec sa lance jusqu'à ce qu'il eût rencontré un objet dur. Puis, après de longs efforts, il déterra son trésor et le chargea sur ses puissantes épaules. Ramassant sa lance et le tison sur lequel il souffla pour lui redonner son ardeur, il revint au camp et passa le reste de la nuit auprès de l'énorme défense, le cœur battant dans son inquiétude d'avoir le lendemain à conclure son marché avec ses ennemis.

Au premier rayon de l'aube, il éveilla ses compagnons et leur fit part de son intention de mettre à l'épreuve la sincérité des Manyemas en allant offrir la défense de Litoï Linéné en échange de sa femme et de son enfant. Tous convinrent alors que si Ioko réussissait, ils déterreraient à leur tour l'ivoire qu'ils avaient enfoui et rachèteraient leurs femmes et leurs enfants.

Quand Ioko arriva auprès de la palissade élevée en hâte par les vainqueurs, ses compagnons, qui l'avaient suivi pour être témoins du résultat de sa tentative, se dissimulèrent derrière les arbres et dans les fourrés. Le jour était venu et l'on voyait les Manyemas aller et venir autour des huttes.

— Naonge! Écoutez! appela Ioko? Est-ce vrai que nos femmes sont vivantes?

— C'est vrai! assura Muini Khamici qui connaissait assez bien les dialectes de la région.

— J'apporte une défense d'ivoire pour Kaolengué et son enfant, cria encore Ioko. — Mais d'abord je veux entendre sa voix pour être certain que vous dites la vérité.

Après un moment une voix de femme, dans le village, répondit :

— Je suis Kaolengué! Oh! Ioko! Je suis ta Kaolengué!

Ioko, alors, s'avança hardiment et déposa la défense à terre; il se retira de nouveau derrière le rideau d'arbres. Dans la crainte d'un piège, plusieurs Manyemas dirigèrent les canons de leurs fusils vers la forêt pendant que quelques autres allaient chercher la défense qu'ils apportèrent au chef, debout près de l'entrée de la palissade.

Muini Khamici donna l'ordre de délivrer Kaolengué. Quand les liens qui lui entravaient les poignets et les chevilles furent coupés, la malheureuse s'empara de son enfant, et avec des cris plaintifs s'enfuit en bondissant vers la forêt. Ioko la saisit par la main et se mit à courir avec elle jusqu'à ce qu'elle tombât à ses pieds, sanglotant et serrant son petit contre sa poitrine.

Pendant plusieurs jours, beaucoup d'autres femmes furent rachetées par leurs maîtres, et quand il n'y eut plus aucune chance d'obtenir d'ivoire à Yabouli, Muini Khamici et sa bande évacuèrent le village, emmenant avec eux ce qui restait de captifs hommes, femmes et enfants. Ils retournaient à Kazingiti avec la quantité de défenses qu'ils avaient été chargés de trouver.

Traversant l'Aruwimi dans des pirogues, la caravane, qui comprenait maintenant trois cents personnes, dont les deux tiers étaient des esclaves, partit pour gagner la rive du Congo. Elle parvint au fleuve à Yambambi, après cinq jours de marche, à travers des forêts sombres où les fourrés étaient si épais qu'il fallait souvent suivre le lit de petits cours d'eau ou des sentiers frayés par des éléphants.

Trop lourde pour être portée par un seul homme, la défense de Litoï Linéné fut attachée à une forte perche soutenue par deux esclaves. Les femmes avaient charge des défenses plus petites et d'une infinité d'ustensiles indigènes qui formaient la part du butin laissée aux Manyemas. Ceux-ci portaient seulement leur fusil et leurs munitions et surveillaient la caravane. Leurs femmes, qui étaient aussi leurs compatriotes, portaient des volailles, des paniers de maïs, des tiges de canne à sucre et d'autres provisions dérobées dans les villages.

A Yamgambi, la caravane s'embarqua dans des pirogues qui, montées par des indigènes alliés, remontèrent le fleuve pendant quatre jours. Arrivés à Kizingiti les esclaves furent distribués dans les plantations de divers Arabes, et l'ivoire fut entassé dans une hutte où Tippo Tib le répartit entre les chefs qui avaient une part dans l'expédition. Avec son habituelle astuce Tippo Tib sut se réserver la part dans laquelle fut comprise la défense de Litoï Linéné, dont il fit présent à une des favorites de son harem. Celle-ci la cacha dans dans un des coins obscurs du *tembé* où elle resta pendant six ans recouverte de nattes de paille et d'objets disparates, et apparemment oubliée.

Au bout de ce temps, la favorite tomba en disgrâce et Tippo Tib confisqua la défense qui fut alors vendue au marchand européen. Bientôt, avec beaucoup d'autres, elle fut arrimée dans le magasin du petit vapeur qui naviguait sur le Congo entre Stanley Pool et les cataractes, passant devant les villages riverains habités par des milliers et des milliers de sauvages, s'arrêtant chaque soir sur la rive où, à la lueur des feux du campement, l'équipage coupait le bois sec qui alimentait le foyer de la machine, tandis que dans la nuit, les chants joyeux des hommes et le bruit des haches retentissaient à travers la forêt sombre et silencieuse.

Après six jours de navigation, le petit vapeur jeta l'ancre. L'ivoire fut débarqué et placé sous bonne garde dans une bâtisse grossière qui servait de réserve, car jusqu'alors les marchands européens n'avaient pu, faute de matériaux nécessaires, ériger aucune construction permanente. L'ivoire ne resta pas longtemps emmagasiné, car aussitôt qu'un nombre suffisant de porteurs indigènes put être réuni, les défenses furent sorties, marquées et disposées en une longue rangée. A un signal donné, les porteurs qui avaient minutieusement épié ce travail se précipitèrent en avant pour choisir les défenses les plus légères. Bientôt toutes furent prises, sauf celle de Litoï Linéné que personne, à cause de son poids, ne s'offrit à porter. En vain le marchand s'efforça-t-il de persuader divers vigoureux porteurs à s'en charger; mais ils agitaient énergiquement leurs mains ouvertes et l'un d'eux répondit :

— Vé, vé, yaé mzito mundibili, kulenda ko, sea mona mpassi nyingi kuna ngila! — Ce qui veut dire : Non, non, c'est trop lourd, homme blanc, je ne peux pas le porter, j'aurais trop de mal en route.

Bref, il fut décidé que la défense, liée à une perche, serait portée par deux hommes, chacun recevant en paiement la même quantité de cotonnade que pour un chargement complet. La caravane, sous le commandement d'un chef ou kapito, comprenait cinquante hommes appartenant à la tribu bakongo.

De Stanley Pool à Matadi, une série de cataractes qui s'étendent sur une distance de deux cents milles obligeaient à transporter par voie de terre toutes les marchandises. Dans le Congo inférieur, des bandes de porteurs étaient recrutées, qui, conduites par un chef responsable, transportaient les chargements sur la tête ou les épaules. Le voyage se divisait par relais de cent milles et un changement de porteurs avait lieu à Manyanga, car les peuplades d'en deçà et d'au delà ne sont pas toujours en bons termes entre elles, bien qu'appartenant à la même tribu et parlant le même langage.

La première partie de ce voyage par terre de Stanley Pool à Manyanga occupait six journées, et la petite caravane grimpait et descendait des collines du haut desquelles la vue s'étend sur tout le pays et sur le fleuve qui bouillonne entre ses rives mouvementées. Mais les porteurs Bakongo restent indifférents à la magnificence de ce spectacle; leurs goûts sensuels s'accommodent mieux d'un fragment de cotonnade aux couleurs criardes ou d'un festin de chair d'éléphant.

A Manyanga, l'ivoire fut transmis à une autre caravane qui voyagea pendant sept jours par-dessus des collines abruptes, dans des marécages profonds, franchissant de nombreux cours d'eau avant d'arriver à Matadi. Là, l'ivoire était à nouveau placé à bord d'un vapeur fluvial qui en deux jours l'amenait à Banana, l'entrepôt situé à l'embouchure du Congo.

Avec des centaines d'autres, la défense de Litoï Linéné parvint ainsi à l'entrepôt, d'où un grand navire l'emporta, avec tout le stock, jusqu'à Liverpool où peu après eut lieu la vente à la criée.

Après tant d'avatars, l'énorme défense de Litoï Linéné échut finalement à un tailleur d'ivoire qui la convertit en billes de billard, en coupe-papier et en

PÊCHERIES DES INDIGÈNES WENYA, STANLEY FALLS

Photographie de l'auteur.

divers objets de toilette. Et quand le travail de tourneur fut terminé, le petit tas de poussière tombé sous l'établi fut tout ce qui resta d'inutilisé de la défense de Litoï Linéné, l'éléphant hanté d'un esprit malfaisant.

ANECDOTES A PROPOS D'ANIMAUX

Une fois, je tuai malheureusement un éléphant femelle. L'animal avait émergé des hautes herbes à l'orée d'un bois. J'aperçus, quand il fut tombé, son petit qui n'avait guère que quelques semaines. Deux Houssas, grands gaillards solides, m'accompagnaient et tous trois nous courûmes sur la bête pour nous en emparer.

Les Houssas la saisirent chacun par une jambe en s'asseyant sur le sol, et je me cramponnai à une oreille.

Le petit animal demeura immobile pendant un instant, puis, irrité sans doute de cette atteinte à sa liberté, il secoua brusquement la tête. J'allai tout simplement m'étaler sur le dos, et les deux Houssas roulèrent à terre pendant que la jeune bête gagnait au trot la forêt où elle disparut avant même que nous fussions relevés.

. . . .

A l'aube, un indigène vint me dire qu'il connaissait le lieu de réunion d'un troupeau d'éléphants. Je l'accompagnai. Après avoir franchi une distance dépassant de beaucoup celle qu'il avait indiquée, je lui reprochai de m'avoir menti et refusai d'aller plus avant, car il était déjà plus de midi et la chaleur était torride. Mais, avec une naïve ruse, l'homme répliqua :

— Oh! à présent, il est préférable de continuer. Vous auriez plus loin à marcher pour rentrer au camp que pour aller à l'endroit où les éléphants se trouvent.

. . . .

Près de Wamba, il m'arriva d'abattre un éléphant solitaire qui n'avait pas de défenses. Il était debout à l'entrée de la forêt. Ce n'est qu'à la troisième balle que je le tuai. Remis du choc de ma seconde balle, il s'élança sur moi, arrachant un jeune arbre au passage et s'enveloppant de poussière. Il galopait déjà quand ma troisième balle l'abattit pour de bon. Attirés par les détonations, les indigènes accoururent, transportés de joie à la perspective du festin. Mon désappointement en voyant que l'animal n'avait plus de défenses dut être visible, car le vieux chef, dans son doux langage musical, éprouva le besoin de m'adresser des paroles de consolation.

— Je devine que l'homme blanc a l'air triste parce que l'éléphant ne portait pas de précieux ivoire. Mais pourquoi serait-il triste, car, vois donc, quelle joie nous avons, nous! Vois, quelle quantité de viande nous allons manger!

. . . .

Poursuivant des éléphants dans une vallée tout encombrée d'herbes géantes, j'eus l'idée de m'installer à califourchon sur les épaules d'un nègre de haute stature.

Le plan réussit admirablement et nous pûmes ainsi

approcher furtivement, jusqu'à portée de fusil, d'un superbe éléphant qui somnolait, debout, à l'écart du troupeau.

Au moment même où j'épaulais mon arme, mon support s'évanouit brusquement sous moi et je culbutai dans une épaisse boue noire. Il me fallut un bon moment pour me remettre d'aplomb et obtenir des explications. Mon porteur me raconta qu'il avait presque marché sur un serpent python, dont la tête, dit-il, était levée au niveau de ses yeux. A cette vue, sans hésiter, il m'avait jeté bas pour fuir tout à son aise.

. . . .

J'eus une expérience à peu près semblable un jour que j'étais à la chasse au buffle dans les hautes herbes. J'entendis une sorte de sifflement que je crus être un reniflement de buffle. Avec le canon de mon fusil, j'écartai les herbes devant moi aussi loin que je pus. A ma grande frayeur, j'aperçus soudain une tête de python qui se balançait doucement en avant et en arrière.

Après une brève seconde d'immobilité fascinée, je lâchai mon arme et m'enfuis en courant.

. . . .

Les indigènes ont toujours remarqué que, bien qu'on les rencontre souvent ensemble, il existe toujours entre les éléphants et les buffles une certaine antipathie, et ils l'attribuent aux habitudes de propreté de l'éléphant qui s'irrite de la malpropreté du buffle. Les éléphants, en effet, manquent rarement de recouvrir leurs excréments avec des feuillages.

. . . .

BULELU

ARABE, MARCHAND D'ESCLAVES

INDIGÈNE BASOKO

Dessins de l'auteur.

Cependant lorsqu'un des leurs est blessé, même grièvement, les éléphants et les buffles l'aident par tous les moyens à s'échapper.

L'éléphant est sociable et vit en troupeaux. Il préfère comme nourriture les fruits, l'écorce tendre, les branches succulentes et les jeunes rameaux de certains arbres. Il s'étend rarement à terre. Il dort sur ses quatre pieds, appuyant son corps contre une roche, un arbre, ou une fourmilière géante, et pose sur le sol les pointes de ses défenses.

La chair de l'éléphant est fort goûtée par les indigènes : mais à mon point de vue personnel, aucune partie de l'animal n'offre un aliment convenable, sous quelque forme que ce soit, et si longtemps qu'on la laisse cuire. La chair du jeune hippopotame est par contre délicieuse, du moins, elle nous paraissait telle en Afrique. Sa saveur rappelle à la fois celle du porc et du bœuf.

. . . .

Comme le prouvent certaines monnaies et médailles, l'éléphant d'Afrique fut utilisé par l'homme, à l'époque des Carthaginois. Depuis, l'art de le domestiquer comme l'éléphant d'Asie s'est perdu. La raison en est certainement due à la condition des tribus africaines et à leur civilisation inférieure, bien plus qu'à aucun défaut de docilité chez l'animal.

. . . .

Dans un village du bas Congo, je remarquai, sur la jambe d'un indigène des cicatrices bizarres, à intervalles étrangement réguliers. On m'expliqua qu'un jour qu'il était ivre, cet homme s'endormit au travers d'un sentier. Un serpent python le découvrit et se mit en devoir de l'avaler en commençant par une jambe. Mais on le surprit dans cette occupation et les indigènes délivrèrent immédiatement l'homme en tuant l'animal. C'étaient les dents du serpent, qui avaient laissé à distances égales, sur la jambe du noir, ces marques parallèles.

. . . .

Un soir, à la tombée de la nuit, je remarquai une belle pintade grasse perchée dans les branches d'un arbre à quelque distance du camp, dans un endroit marécageux, voisin du fleuve. M'avançant avec précaution pour ne pas manquer mon but, car il me fallait économiser mes cartouches, je ne quittais pas des yeux le volatile sur sa branche et je songeais à l'excellent dîner que j'allais faire.

Tout à coup, il me sembla que le sol tout entier se soulevait devant moi. J'avais trébuché contre un hippopotame endormi. Il serait difficile de dire lequel de nous deux fut le plus effrayé. L'animal se précipita dans le fleuve, tandis que je me relevais en cherchant mon fusil que j'avais laissé choir. Et... la pintade s'était envolée.

. . . .

Tout près du village de Makola, j'avais tué un buffle, et la soirée se passa gaiement, la bête ayant fourni assez de viande pour satisfaire tous les mangeurs. Nous soupâmes en plein air, assis autour du feu crépitant, et la chair de l'animal, coupée grossièrement par tranches, grillait sur des bâtons disposés au-dessus du brasier.

Comme je n'avais pas de tente, j'acceptai l'hospitalité du chef qui m'avait offert l'abri de sa case. Son lit de roseaux était placé au fond de la case, et mon lit de camp avec sa moustiquaire fut dressé au milieu.

Épuisé par la fatigue de la journée, je m'endormis de bonne heure. Tout à coup, je fus éveillé par le bruit des bracelets de cuivre que le chef portait aux poignets et aux chevilles. Dans l'obscurité profonde, il me fallut un moment pour reconnaître où j'étais. Le chef, qui avait sans doute mangé avec excès, était évidemment agité par des cauchemars. Je l'éveillai de ses rêves en lançant dans sa direction un objet qui me tomba sous la main. Il se rendormit presque aussitôt.

Pendant quelques minutes tout fut tranquille, et, comme j'allais moi-même me rendormir, j'entendis les grognements d'une vieille truie qui s'attaquait à la moustiquaire. Je lui jetai mes bottes. Il me fallut quelque temps pour expulser l'intruse, et je m'étais remis à somnoler quand plusieurs chiens, qui appartenaient sans doute à la case, entamèrent une lutte furieuse autour des restes de mon souper que j'avais soigneusement placés sous mon lit. En me levant pour sauver mon déjeuner du lendemain, je m'embarrassai dans la moustiquaire et tout l'échafaudage dégringola bruyamment.

Fort alarmé, le chef, éveillé en sursaut, bondit; les chiens aboyèrent et le tumulte s'étendit aux cases voisines. Je n'eus d'autre ressource que de passer le reste de la nuit assis auprès des feux qui s'éteignaient.

. . . .

Bien qu'on entende parfois leur rugissement, les lions fréquentent rarement la région du Congo. Une fois, près de l'embouchure du Kwa, je suivis les traces d'un lion à travers une plaine jusqu'à un bois où le fauve avait dû entrer. Le soir tombait, mais rassemblant mon courage, je pénétrai à mon tour sous les arbres. J'y demeurai jusqu'à la nuit, m'obstinant en vain à chercher ce gibier rare, malgré une sensation de peur qui me terrorisa, à cette occasion, comme jamais je n'en ressentis de pareille.

. . . .

L'habitude rend singulièrement indifférent au danger. Les eaux du Congo sont infestées de crocodiles et cependant l'on voit partout les naturels se baigner et nager, sans se soucier de l'existence des monstres, malgré les accidents mortels assez fréquents.

Deux de ces tragédies, dont je fus le témoin, se sont gravés dans ma mémoire.

J'étais au milieu d'un groupe de bambins joyeux qui barbotaient dans les eaux peu profondes, sur le bord du fleuve, près de Lulungu, quand tout à coup un crocodile apparut et, se précipitant au milieu du groupe, il saisit un petit garçon joufflu qui s'était aventuré à une douzaine de mètres du bord. En une seconde, le crocodile et sa proie avaient disparu.

Une autre fois, le crocodile s'empara d'un naturel assis à l'arrière de sa pirogue qu'il laissait dériver doucement. Avec un coup de queue et un coup de gueule,

CHEF DE TRIBU

Statue en bronze par l'auteur, médaille troisième classe. Salon 1908.

il fit disparaître le malheureux. L'eau se teignit de rouge et la pirogue vide continua à dériver seule.

. . . .

Nous remontions le Congo dans un petit vapeur fluvial, et, de la roue à aubes de l'arrière, je plongeai dans l'eau. Quand je reparus à la surface, je compris à l'expression du visage de mes compagnons qu'il y avait un danger aux environs. En quelques brasses, je me rapprochai du flanc du vapeur, et, au moment même où je me hissai à bord, un énorme crocodile vint, dans son élan, se heurter lourdement contre la paroi de fer, à l'endroit même où j'étais sorti de l'eau. L'un de mes compagnons tira sur l'animal et le blessa.

. . . .

Le major Parminter me raconta que, voyant un jour un chimpanzé dans un village, il feignit d'être grandement frappé par la similitude de ses traits avec ceux de quelques-uns des naturels qui l'entouraient.

— Hum! grogna un vieux nègre. Tes paroles sont peut-être vraies, mais, moi, je dis que les chimpanzés sont pleins de sagesse comme l'homme blanc.

— Oui, confirma un autre indigène qui écarta le pelage de l'animal, sur l'épaule, en ajoutant : Les chimpanzés ressemblent beaucoup plus à l'homme blanc qu'à nous, car, vois donc, leur peau est blanche comme la tienne.

. . . .

Pendant un long voyage en pirogue, sur le Congo supérieur, j'avais avec moi quatre ou cinq perroquets gris très bavards, que m'avait donnés la femme du fameux chef arabe Rachid. Elle leur avait enseigné à prononcer diverses phrases en dialecte kiswahili.

. Quand nous passions auprès de la rive, devant l'immense forêt vierge, des vols de perroquets sauvages venaient fréquemment voler au-dessus de nos têtes, sifflant et jacassant. Les captifs leur donnaient la réplique et il était infiniment drôle d'entendre mes oiseaux adresser à leurs frères sauvages des phrases comme celles-ci :

— Bonjour!... Quoi de neuf?... J'espère que ça va bien!... Allons, du calme!... Ne vous tourmentez pas!

. . . .

En compagnie de Roger Casement, je campai une fois dans un bois, et, assis devant le feu flambant, pendant que la nuit tombait, nous parlâmes de Schweinfürth et de son ouvrage *le Cœur de l'Afrique,* que nous avions tous lu peu de temps auparavant. Nous discutions des mœurs extraordinaires des fourmis, telles que l'auteur les décrit dans ce livre, et de leur coutume de voyager par bandes innombrables d'un district à un autre.

Une remarquable coïncidence se produisit alors : nos compagnons indigènes appelèrent notre attention sur une armée de fourmis qui s'avançait dans notre direction. Des myriades d'insectes passaient tout près de notre tente et, nous éclairant de torches de bois, nous regardâmes pendant plusieurs heures ce prodigieux défilé.

. . . .

En bien des occasions, j'ai observé des bandes de

papillons blancs, volant, en quantités innombrables, dans une même direction, au-dessus des bords du fleuve, et donnant l'impression d'un immense nuage blanc (1).

. . . .

. . . .

Le chien pariah ressemble au chien dingo d'Australie. Il gémit et hurle, mais n'aboie jamais. Il a une tête comme celle du renard, avec un museau effilé, des oreilles triangulaires et droites; son poil est doux et de couleur fauve et sa queue est toujours recourbée. A ce propos, Livingstone raconte qu'ayant entendu dire que la queue de l'animal était toujours enroulée dans le même sens, chaque fois qu'il entendait japper un chien pariah, il éprouvait l'impulsion irrésistible de courir voir dans quel sens sa queue se recourbait.

. . . .

A Lukungu, dans la région des cataractes, les indigènes vinrent se plaindre, à Ingham et à moi, d'un crocodile qui commettait toute sorte de méfaits dans la vallée : il avait dévoré plusieurs personnes, disait-on. Au lieu de se confiner au bord du fleuve, comme

1) Les *Annalsand Magazine of Natural History* de janvier 1891 contiennent une description détaillée de quatre nouvelles espèces de Lépidoptères recueillies par l'auteur. Elles sont dénommées :

Romaleosoma Sarita, sp. n.
Ramaleosoma Herberti, sp. n.
Girpa Wardi, sp. n.
Romaleosoma rubronotata.

Une brochure, publiée par Emily-Mary SHARPE, en 1891, décrit 74 rares spécimens de Lépidoptères recueillis par l'auteur à Bangala et en d'autres lieux du Congo supérieur.

le font en général ces reptiles, cet animal franchissait, hors de son élément habituel, des distances très grandes...

La nuit, dans le silence, nous entendions parfois un bruit qui nous semblait être une toux creuse et rauque, et qui nous permit de reconnaître la retraite de l'ennemi. Après beaucoup de difficultés et au prix de plusieurs cartouches, nous réussîmes à tuer le crocrodile. Les naturels témoignèrent d'une grande joie : ils se précipitèrent sur la bête et la criblèrent de coups de coutelas. C'était un animal énorme, et d'un grand âge, évidemment. Afin de conserver la peau, la carcasse fut ouverte, et, dans l'estomac, on trouva deux cercles de fer que portait une de ses victimes, une jeune fille qui avait mystérieusement disparu quelque temps auparavant.

ÉPISODES ET INCIDENTS

Désireux de rompre la monotonie de la vie du poste, je tentai d'organiser une sorte de concours athlétique entre les indigènes des villages environnants. C'était là une nouveauté, dans ce pays, où la venue du premier homme blanc ne remontait qu'à quelques mois.

Les chefs avec qui je m'entretins de mon projet acceptèrent volontiers d'amener, à la date fixée, les plus vigoureux de leurs jeunes gens. Ils manifestèrent si peu de surprise devant mes intentions qu'il m'était difficile de croire que j'allais leur faire connaître une distraction d'un genre tout à fait insolite pour eux.

A l'aube du jour fixé, je fus réveillé en sursaut par une bruyante fusillade. Des salves éclatèrent ainsi par intervalles jusque vers dix heures, où je trouvai mon poste assiégé par une foule de cinq à six cents naturels.

Pour nourrir mes gens, j'avais fait rôtir tout entiers trois énormes porcs, et, comme boisson, en sus d'une petite quantité de vin de palme qui était rare à cette époque, j'avais rempli d'eau mes deux baignoires de zinc, pour épargner à mes invités la peine de descendre jusqu'au ruisseau qui coulait à trois cents mètres de là au pied de la colline.

Je constatai bientôt qu'à l'unanimité, mes hôtes désiraient commencer la fête en attaquant les provisions, et, bien que ce fût contraire à toutes nos habitudes européennes, je cédai. Avant midi, tout était avalé, et il ne restait au fond des baignoires qu'un peu d'eau graisseuse, car après s'être emplis de porc gras, les naturels avaient bu en se penchant dans les baignoires.

Le programme comportait d'abord une course de cent mètres à laquelle tous paraissaient vouloir prendre part. Ce fut en vain que j'essayai de leur faire laisser leurs lances et leurs boucliers : ils m'expliquèrent qu'ils pouvaient courir tout aussi bien avec ces objets.

Le départ fut des plus laborieux, et quand tous furent en place pour partir, la rangée s'étendit sur une grande longueur.

Le signal du départ devait être un coup de pistolet. Après d'innombrables faux départs et d'orageuses discussions, au cours desquelles la moitié des partants perdirent patience et l'autre moitié se vexèrent, je réussis enfin à lancer la meute.

Immédiatement, ce fus un chaos. Chaque indigène semblait n'avoir d'autre idée, pour gagner, que de culbuter ses concurrents, et la course se transforma en une lutte sauvage où la plupart des engagés roulèrent sur le sol.

Le but fut franchi, en masse, par une cinquantaine d'hommes. Je me rendis compte, bien tardivement, des difficultés de la situation. Il était parfaitement inutile de donner des explications. Tous ceux qui avaient pris le départ vinrent me réclamer un prix, chacun prétendant que le seul fait d'avoir pris part à la course lui donnait droit à une récompense.

Des paroles on en vint aux coups, et pendant le reste de l'après-midi, je me trouvai au milieu d'une cohue violente et turbulente, ayant perdu toute raison.

Puis, ce fut le tour des chefs qui vinrent réclamer un paiement non seulement pour leurs services, mais aussi pour ceux de leurs hommes et pour la poudre qu'ils avaient brûlée le matin, afin, dirent-ils, de solenniser la fête.

Ce ne fut que tard dans la soirée que mon poste reprit sa tranquillité habituelle, et, quand je m'allongeai pour la nuit, j'avais la conviction que le moment d'introduire la pratique régulière des sports dans la contrée n'était pas encore venu!...

. . . . .

Dans les établissements commerciaux situés à l'embouchure du Congo, le personnel est généralement composé de boys que les navires amènent de la côte de Kroo. On leur paie leurs services en nature, cotonnade et fusils à pierre, et il est de coutume, chaque dimanche, de montrer aux boys le contenu des réserves, pour qu'ils se réjouissent à la vue des ballots d'étoffe, des barriques de rhum et des tas de fusils neufs.

Les marins qui les amenaient baptisaient les boys de sobriquets qu'on gravait sur des plaques de fer blanc suspendues au cou de chaque homme. Aussi, était-il déconcertant de constater que quelque boy géant se dénommait Papillon, ou que tels autres s'appelaient Étrille-Crocodile, Boule-de-Neige, Boîte en fer blanc, Clinfoc ou Brise de mer. Ces surnoms donnaient un aspect comique à la vie dans les entrepôts, lorsqu'on apprenait par exemple que Soupe aux Pois avait filouté Samedi Soir, ou que Hareng Saur s'était brouillé avec Canette de Bière.

. . . . . .

A propos de noms bizarres, je me souviens que, parmi la petite bande des Zanzibarites qui m'accompagnaient dans mon voyage en pirogue sur le cours supérieur du Congo, deux hommes portaient des sobriquets inattendus : l'un répondait au nom de Juma Makengeza, qui se traduit littéralement par Vendredi qui Louche. Le nom de l'autre traduit aussi littéralement était : Va tirer sur un éléphant à trois heures.

. . . .

Un incident amusant me revient en mémoire. Un blanc nouveau venu et encore inexpérimenté avait été chargé de diriger une bande de boys originaires de Kroo, qui établissaient une route à Old Vivi. Le nouveau venu, peu familier avec l'anglais déformé que parlait les boys donnait ses instructions par gestes et, par suite assez vaguement. Un chargement de brouettes arriva, et, indiquant d'un geste de la main qu'elles devaient servir au travail commencé, le nouveau chef se retira à l'ombre d'un arbre où il s'endormit.

Au réveil, grand fut son étonnement en voyant les boys marcher solennellement en file, portant chacun sur la tête une brouette pleine de terre...

Ces boys ne font pas de bons soldats. Au cours d'un

PORTEURS INDIGÈNES

Croquis de l'auteur.

conflit avec les naturels, on tira quelques coups de fusil, et la caravane prit immédiatement la fuite. Ils s'excusèrent par la suite de ce qu'ils n'étaient pas des « boys de guerre ».

. . . .

Pendant une attaque de fièvre qui m'avait jeté sur un lit de camp dressé dans une case indigène, j'entendis un bruit. Peu après une ombre apparut sur le seuil et, avec de grandes difficultés, la reine du village se glissa de côté par l'ouverture qui était très étroite.

Il n'y avait, dans l'aspect de l'auguste personne, rien de particulièrement royal. Pour tout vêtement elle portait une frange d'herbes autour de son énorme taille, des bracelets de fer aux poignets, et une paire de douilles de cartouches dans le lobe des oreilles. Elle était anormalement obèse et pesait probablement de cent trente à cent quarante kilos.

— Je suis venue vous voir au sujet d'un hippopotame, commença-t-elle...

— Asseyez-vous, répondis-je, aussi poliment que me le permettait une formidable envie de rire...

Auprès du lit de camp, se trouvait une caisse de bois qui me servait de table, et je la lui indiquai comme siège. Elle s'assit gauchement, et la caisse fut aussitôt entourée d'un écroulement de chairs grasses qui touchaient presque le sol. Malheureusement, les planches grossières qui formaient le trône improvisé n'étaient pas de force à soutenir un pareil poids et, au moment où la reine reprenait toute son assurance pour formuler ses plaintes, il y eut sous elle soudain, un craquement de sinistre présage. Déjà quelque peu émue et décontenancée, elle fut instantanément en proie à la panique. Elle se précipita vers la porte, mais oubliant de se tourner de côté, elle demeura coincée entre les linteaux, et, dans ses efforts pour se délivrer, elle démolit presque toute la charpente de la hutte.

C'est ainsi que se termina mon unique entrevue avec la reine. Elle évita soigneusement toute nouvelle rencontre avec moi, et comme il me fallut peu après quitter le village, je ne sus jamais la suite de l'histoire de l'hippopotame.

. . .

En 1885, comme chef du poste de Bangala j'eus à m'occuper du recrutement d'une troupe de nègres de Bangala pour l'envoyer au quartier général de Boma. Là, on devait s'assurer de leurs capacités militaires en s'efforçant de les discipliner et d'en faire des soldats.

Ils formaient une bande peu rassurante, ces jeunes sauvages pris dans une tribu cannibale, et dont quelques-uns n'avaient vu de blancs que depuis très peu de temps. Quand ils s'embarquèrent sur le vapeur fluvial ils avaient le corps barbouillé de couleurs diverses et chacun d'eux portait sa lance et son bouclier, car les guerriers de leur tribu ne quittent jamais leurs armes.

Quelques mois plus tard, j'assistai à leur retour. Ils formèrent les rangs sur un bref commandement et défilèrent en ordre devant le poste. Je ne pouvais croire que c'étaient les mêmes sauvages. Ils étaient affublés de costumes bizarres, de tuniques militaires pompeusement ornées et d'autres défroques européennes. Les uns portaient sous le bras des parapluies, les autres tenaient des bouteilles d'eau de mer, car Bangala est situé à plus de quinze cents kilomètres de l'océan et l'eau salée paraissait à ces indigènes une curiosité si étrange qu'ils en rapportaient des échantillons pour étonner leurs compatriotes.

L'un deux accoutré d'un vieil habit à queue, de culottes de cheval de couleur garance et d'un bicorne, fumait une pipe en terre, et faisait tourner dans ses doigts une petite canne, avec un air avantageux. Un chien galeux se mit à le suivre sur les talons, et le noir, se retournant, adressa à la bête quelques paroles amicales en anglais.

. . . . . .

Les nécessités du service m'obligèrent à me rendre au village de Ndunga, où m'accompagna un officier de cavalerie autrichien, qui portait un nom célèbre en Europe. Il s'agissait d'une enquête sur le meurtre de deux courriers et l'on supposait que les assassins appartenaient à ce village. L'entrevue avec le chef Ngudi N'kama et sa cour fut une cérémonie pittoresque et tout alla bien au début. Malheureusement, par suite de méprise, un coup de fusil fut soudain tiré. En un instant la confusion régna partout. Mon compagnon me cria de m'emparer du chef pendant qu'il s'occupait lui-même de faire le plus grand nombre possible de prisonniers.

Je réussis à capturer le chef et je dus me charger de le ramener à notre campement. Quand, en quittant le village, nous nous engageâmes dans les sentiers tortueux, nous fûmes accueillis par des coups de fusil que nous tiraient les noirs réfugiés dans les hautes herbes.

Le sentier nous amena à un ravin profond où croissaient des arbres au bord d'un ruisseau. Il faisait une chaleur étouffante. Au bas du talus, sous le bois, nous nous reposâmes auprès d'un trou plein d'eau.

Ngudi N'kama, dont les mains étaient liées derrière le dos, se pencha pour boire. A ce moment je regardai derrière moi, aux aguets, dans la crainte d'une surprise, et, quand je retournai la tête, je constatai qne Ngudi N'kama avait disparu. D'abord, je restai fort perplexe. Puis, je me mis à courir en tout sens sans découvrir aucune trace du chef. Mais, tout à coup l'idée me vint qu'il avait dû culbuter dans le trou, où, en effet, j'arrivai juste à temps pour le retirer vivant.

. . . .

Entre autres récriminations, un chef de village me disait un jour :

— Nous sommes un peuple très malheureux ! Il ne nous reste plus rien ! Les léopards nous ont tué nos chèvres, et nos plantations ont été ravagées par les éléphants.

— Oui, interrompit un noir à l'aspect misérable, c'est heureux pour nous que les éléphants n'attrapent pas le poisson, sans cela, nous n'aurions absolument rien à manger.

. . . .

Pendant un voyage à bord d'un vapeur fluvial qui remontait le Congo supérieur, le chef de Doulonga envoya au capitaine un message fort bien tourné dans

PORTEURS EN MARCHE

Dessin de l'auteur.

lequel il disait que pendant la nuit lui et ses gens avaient dérobé, dans le vapeur qui faisait escale devant son village, un grand nombre d'objets, qu'ils possédaient maintenant des chemises et des pantalons comme en porte l'homme blanc, mais qu'ils n'avaient pas réussi à voler des bottes. Si donc l'homme blanc n'envoyait pas des bottes avant que le soleil fût haut dans le ciel, il lui déclarerait la guerre.

. . . .

Les naturels bakongos ont coutume de terminer leurs discours par le mot *Wanga* qui signifie : comprenez-vous.

Un jeune noir, élevé par la mission, demandait, dans une longue prière, d'avoir toujours de quoi manger abondamment, de ne jamais avoir aucun travail à faire, de porter toujours de beaux habits, et, quand il serait grand, de parvenir à la position sociale d'un homme blanc. Et il terminait sa fervente prière par ces mots : Wanga Nzambi, Wanga? c'est-à-dire : Comprenez-vous, Dieu, comprenez-vous?

. . . .

Ce même gamin, conversant avec un autre noir, nommé Loremba, originaire de la région des cataractes du Congo inférieur, s'exprimait ainsi :

— J'ai travaillé pour les hommes blancs et j'ai enduré beaucoup de fatigues. J'ai reçu le fouet, on m'a supprimé mon salaire et j'ai subi bien des tourments. Maintenant, je vais adorer Dieu et vivre tranquillement auprès de la mission; j'écouterai le missionnaire qui dit qu'il importe peu que nous soyons riches ou pauvres, car les riches et les pauvres ont les mêmes chances d'aller au ciel. A quoi me servirait de travailler? A rien. Alors je dormirai tout le temps.

. . . .

L'arrivée de la première machine à coudre dans la région du Congo que j'habitais produisit un effet inattendu. Aussitôt qu'elle fut mise en marche, les naturels se rassemblèrent à l'entour, et se mirent à danser, tournant en cercle et sautant, au rythme de ce qu'ils croyaient être un instrument de musique.

. . . .

Mabrouki, un jeune Zanzibarite, avait servi comme aide de cuisine sur un navire anglais, où il avait appris quelques mots, en éprouvant cependant une grande difficulté à prononcer la lettre R. Quand on lui demandait le menu du dîner, il répondait, par exemple : du liz et du loti, pour du riz et du rôti.

. . . .

A l'embouchure de la rivière Lomani les indigènes portent de larges plaques rondes en ivoire serties dans la lèvre supérieure. A ce propos, le noir Sequabo, parlant d'une tribu du Zambèze qui portait des ornements similaires, fit cette remarque :

— Ces gens veulent que leur bouche ressemblent à un bec de canard.

. . . .

Pour dire à quelqu'un de se taire, les naturels de Soukoléla lui disent : « Attache ta bouche. »

. . . .

— Nous ne voulons pas d'étoffes, nous répondirent

une fois des indigènes habitant les bords de la rivière Malinga. Donne-nous quelque chose pour nous habiller... des colliers de perles, par exemple.

. . . .

Un Arabe me demanda un jour de lui expliquer ce qu'était le contenu d'une petite boîte de fer-blanc que Weissman lui donna au cours du mémorable voyage que l'explorateur fit à travers l'Afrique. De mon mieux, je lui fis comprendre que la boîte contenait de l'extrait de viande de bœuf préparée de telle manière que le maximum de substance nutritive était concentré sous un minimum de volume.

— Vous m'étonnez, dit-il, car j'avais été amené à croire que cette boîte contenait un onguent, et, en fait, je m'en suis servi pour soigner l'ulcère de ma jambe.

. . . .

Je remarquai, une fois, une sorte de cloche d'alarme suspendue au-dessus de la brèche par laquelle on entrait dans un village. C'était un objet si grossièrement construit que seul un éléphant égaré eût pu le mettre en branle.

. . . . . .

Les indigènes considèrent qu'un long cou est un signe de beauté chez la femme. Deux indigènes parlaient un jour devant moi d'une femme que l'un d'eux avait récemment achetée. Celui-ci, fier de son acquisition, plaça ses mains horizontalement l'une au-dessus de l'autre pour indiquer que la belle avait un cou aussi long que la hauteur qui séparait ses deux mains.

. . . .

Aux obsèques d'un chef, on allait, comme sacrifice au mort, décapiter un esclave. Un parent du défunt engagea une grande conversation avec le malheureux qui avait les pieds et les poings liés. En m'approchant, je compris que la victime était chargée de transmettre à l'esprit du chef un message dont la conclusion était à peu près comme suit :

— Et dis-lui, quand tu le retrouveras, que le grand canot de guerre qu'il m'a laissé en héritage est pourri.

. . . .

Accompagné de son fils, un noir vint me trouver et entama un long discours. A cette époque je n'avais qu'une connaissance assez sommaire du dialecte kikongo. Mais je suivis avec la plus grande attention les propos de l'homme, dans l'espoir de saisir quelques mots qui me permettraient de deviner le sens de son discours. Deux mots seulement, dans tout ce verbiage, m'étaient familiers : malade et tête.

J'en conclus naturellement que l'homme avait des maux de tête et qu'il était venu me demander un remède, ma réputation de guérisseur s'étant répandue dans la contrée environnante.

Je fis fondre une forte dose de sels d'Epsom, et je tendis l'écuelle au noir, lui enjoignant par signes d'avaler la drogue et qu'immédiatement son mal cesserait. Il tendit l'écuelle au gamin qui la porta avidement à ses lèvres. J'intervins aussitôt, expliquant que le breuvage n'avait aucune propriété mystique, et j'insistai pour qu'il le bût lui-même, ce qu'il fit d'assez mauvais gré.

PONT DE LIANES, BAS CONGO

Dessin de l'auteur.

Le lendemain, en traversant le village, je reconnus mon visiteur couché devant sa hutte, l'air triste et abattu. J'exprimai ma surprise de le voir dans cet état, ajoutant, dans la mesure où mes connaissances linguistiques me le permettaient, que j'avais espéré que le remède était suffisamment puissant pour l'avoir guéri.

L'homme se leva, et secoua mélancoliquement la tête.

— Je n'avais aucune maladie moi, expliqua-t-il, avec le secours de l'interprète. C'est mon fils qui souffrait. Tu m'as fait prendre la médecine et, à présent, c'est moi qui suis malade.

. . . .

Mes efforts pour guérir un marmot, me valurent un singulier témoignage de gratitude. Quelques mois plus tard, je fus surpris, au milieu de la nuit de voir une ombre barrer l'entrée de ma tente. Une voix de femme articula à mi-voix, ces mots :

— Tiens, homme blanc, prends cet œuf. Il y a bien des lunes, mon enfant souffrait. Tu lui as donné un remède et maintenant il est en bonne santé. Je ne suis qu'une pauvre femme, je ne possède rien, mais, tiens, prend cet œuf.

Très touché d'un pareil sentiment, je me levai, acceptai l'œuf et le plaçai dans l'une de mes boîtes pour qu'il ne soit pas cassé.

Le lendemain, pendant que ma caravane se préparait au départ, je donnai l'œuf à mon cuisinier, en lui demandant de me le faire cuire pour mon déjeuner.

Quelques minutes après, le cuisinier reparut, tenant à la main la coquille brisée :

— Maître, cet œuf était pourri...

. . . .

Afin de donner un air de civilisation à la contrée sauvage, où nous vivions, Alfred Parminter eut l'idée de vêtir tous ses serviteurs d'un costume uniforme. Pour mettre son plan à exécution, il trouva un moyen très simple. Il étendit par terre une pièce de cotonnade, fit s'allonger dessus chacun de ses hommes, et muni d'un charbon, pris dans les restes d'un feu, il dessina la forme de chaque homme. Il n'eut plus qu'à doubler l'étoffe, à la tailler, et à faire coudre chaque moitié.

. . . .

Armé de mon fusil à répétition, je me dirigeais en hâte vers un vallon assez éloigné où l'on m'avait signalé la présence d'un troupeau d'éléphants. En route, je rencontrai cinq ou six nègres, armés de longs fusils à pierre et amplement pourvus de poires à poudre et de bissacs contenant des projectiles.

— Où allez-vous, en si grande hâte? me demandèrent-ils.

— Tirer sur les éléphants, répondis-je. Et vous, où allez-vous?

— Oh! nous descendons à la vallée pour tirer sur des rats.

. . . .

Les troupes houssas qui étaient au service de l'État indépendant du Congo, se rencontraient dans la région du Niger. La plupart avaient servi, sur la côte occidentale, sous le commandement d'officiers anglais. Les hommes étaient presque tous de solides gaillards, dévoués et loyaux, courageux et honnêtes. Ils étaient d'excellents « boute-en-train » pour les Zanzibaris, et fort précieux pour maintenir l'ordre dans les colonnes.

Le Houssa est un type silencieux et robuste, sans faculté pour s'adapter aux façons des autres, lent à apprendre les dialectes congolais, et rebelle à toute fraternisation avec les indigènes. Les Zanzibaris sont gais, versatils, prompts à saisir de nouveaux dialectes et à se gagner la confiance des naturels, capricieux et volages avec les femmes, et généralement indifférents à l'avenir.

Un jour de Noël, notre sergent-major houssa vint nous offrir ses souhaits et incidemment nous informa que dans son pays, à la fête de Noël, ils mangeaient du bœuf jusqu'à ce que « leurs dents leur fissent mal ».

STANLEY

Stanley était ce qu'on est convenu d'appeler un homme fort, doué d'un cerveau remarquable, d'une grande puissance de décision, avec un dédain absolu des conséquences.

Il y avait en Stanley le voyageur africain et... l'autre, le Stanley européen. Je n'ai connu que le voyageur, que je vis pour la première fois en 1884, année où je pénétrai en Afrique sous ses auspices.

Il me fit l'impression d'un homme dont l'existence fut abreuvée d'amertume et il semblait croire que tout le monde était ligué contre lui.

Au cours d'une conversation, en Afrique, je m'enhardis à lui dire :

— On prétend que vous êtes dur, M. Stanley.

— Dur! répliqua-t-il. Il faut bien l'être, sinon, on est faible, il n'y a pas de milieu!

On ne conçoit guère que quelqu'un d'autre ait pu accomplir avec succès les explorations auxquelles s'attachent le nom de Stanley. Son indomptable volonté l'entraînait en avant, son physique robuste résistait à la maladie, sa diplomatie astucieuse tranformait en amis ses adversaires, et sa chance ne l'abandonna jamais.

A coup sûr, son caractère avait été fortement influencé par la vie qu'il mena en Afrique. Sa longue expérience de l'Africain lui avait révélé d'une façon trop exclusive le côté faible de l'homme et de la vie. En conséquence, il était devenu méfiant et professait un mépris excessif de l'humanité en général.

Ses discours s'ornaient d'expressions idiomatiques, rappelant le langage fleuri des noirs. En toutes choses, il adoptait l'attitude d'un homme qui se tient pour supérieur à tout ce qui l'entoure, et pendant de longues années ses Zanzibaris l'avait proclamé « le Grand Maître » et l'appelaient respectueusement « le Père ».

Dans les relations avec l'Africain, l'autorité est un élément indispensable, et cette qualité était non seulement visible sur les traits de Stanley, mais aussi dans tous ses gestes. Il se montrait impitoyable dans ses critiques des hommes et de leurs actions, mais, dans la plupart des cas, il avait soin de borner ses jugements à des sujets qui rentraient dans le cadre de ses occupations habituelles et de son observation, et il s'efforçait toujours d'être juste.

La valeur de Stanley comme explorateur était universellement reconnue, et l'on trouve sur les rayons de toutes les bibliothèques les volumes où sont narrés ses exploits et ses aventures. Mais combien la réalité est différente du froid récit de l'œuvre accomplie !

Après avoir, en 1871, retrouvé Livingstone, Stanley retourna en Afrique en 1874, pour résoudre la question du fleuve Loualaba, problème qui, quelques années avant qu'il mourût, avait absorbé l'attention et stimulé l'ambition du docteur Livingstone. Parti de Zanzibar, Stanley explora le lac Nyanza et fit un voyage de circumnavigation sur le lac Tanganyika. D'Oudjidji, sur les bords de ce dernier lac, il s'avança vers Nyangwé, le quartier général des Arabes trafiquants d'esclaves, situé sur le mystérieux fleuve Loualaba. Embarquant son monde dans des pirogues, il descendit le courant sur une distance de plus de deux mille milles, parvenant ainsi à identifier le Loualaba avec le Congo.

Le voyage, qui dura neuf cent quatre-vingt-dix-neuf jours, fut une longue suite de privations et de souffrances. Stanley vit périr en grand nombre les noirs qui formaient sa caravane et il perdit même ses trois compagnons blancs, dont l'un, Franck Pocok se noya accidentellement, alors qu'ils n'étaient plus qu'à dix jours de marche de l'Atlantique.

Par cette audacieuse traversée du continent noir, Stanley avait pénétré l'un des plus obstinés mystères de l'Afrique. Pour la première fois, le cours du Congo était déterminé, le problème était résolu qui avait occupé tous les géographes depuis que Diego Cam avait, en 1482, relevé l'embouchure de ce fleuve.

Après un bref repos, Stanley se remit encore à son œuvre africaine et, sous le patronnage de Léopold II, roi des Belges, il contribua à la fondation de l'État indépendant du Congo, immense territoire d'une superficie de plus de neuf cent mille milles carrés, avec une population approximative de vingt à trente millions d'indigènes.

Pour la quatrième et dernière fois, Stanley revint,

en 1886, en Afrique, à la tête de l'expédition chargée de retrouver Emin-pacha gouverneur de l'Afrique équatoriale, dont la situation était devenue précaire. Stanley accomplit sa mission, mais en endurant des fatigues et des privations plus rudes qu'en aucune de ses précédentes explorations, et en perdant quatre cents hommes sur les six cent cinquante qu'il avait emmenés avec lui.

Neuf officiers anglais faisaient partie de son personnel, dont aujourd'hui deux seulement survivent : M. John Rose Troup et moi-même (1).

. . . .

. . . .

Le voyage dura trois ans. Au nombre des résultats géographiques de l'expédition, on compte la découverte du mont Ruwenzori dont la hauteur est de dix-sept mille pieds; celle du lac Albert et de la partie sud-ouest du lac Victoria. Le lac Albert Edward forme la source première du Nil Blanc, et par le Semliki ses eaux communiquent avec celles du lac Albert Nyanza.

. . . .

En gagnant l'intérieur, avec l'expédition Emin-pacha, nous fîmes halte à Stanley Pool, et les chefs indigènes eurent maints motifs de se plaindre du personnel noir de Stanley.

Un chef, plus hardi que les autres, vint dénoncer les déprédations commises dans ses plantations et la

(1) Voir *My Life with Stanley's Rear Guard*, par Herbert WARD, Chatto and Windus, Londres.

façon dont l'harmonie domestique de son village avait été troublée.

L'attitude du chef était pleine de dignité et je fus grandement frappé de sa grâce naturelle et de son éloquence.

Assis sur un pliant, Stanley écoutait flegmatiquement l'interprète qui répétait les doléances, et il gardait ses yeux gris fixés sur le visage du chef. Si perçant et si puissamment hypnotique était son regard que le chef en manifesta bientôt un certain malaise.

Soudain Stanley ordonna à un clairon de sonner le rassemblement. Puis, accompagné de l'indigène, il passa sans hâte devant les six ou sept cents hommes qui s'étaient mis en rangs, et de temps en temps il disait :

— Est-ce celui-ci qui t'a volé, ô chef? Est-ce celui-là qui a porté le trouble dans les foyers?

Complètement déconcerté, le chef secouait tristement la tête, et, à la fin, il murmura :

— Tous ces hommes se ressemblent! Comment reconnaîtrais-je les coupables?

Alors, sur un ton bienveillant, Stanley posant sa main sur l'épaule du chef lui dit :

— Si des méfaits de ce genre se reproduisent, ô chef, fais une marque au délinquant. *Marque-le.* Ensuite on rassemblera tout le monde et nous pourrons facilement retrouver le coupable.

. . . .

Pour tranquilliser les Arabes qui autrement auraient fait obstacle au projet de Stanley de remonter le Congo

ATELIER DE L'AUTEUR, A PARIS

pour rejoindre Emin-pacha, Stanley conclut avec Tippo Tib un traité par lequel il l'instituait gouverneur de Stanley Falls.

Comme quelqu'un émettait un doute sur le fait de se fier à un trafiquant aussi sanguinaire que Tippo Tib, Stanley, avec son calme immuable, répondit : avec la placidité d'un révérend missionnaire.

— Ne savez-vous pas qu'il y a plus de joie au ciel pour un pécheur qui se repent!...

. . . .

A bord du vapeur de la mission qui partait de Stanley Pool pour remonter le fleuve, j'eus la chance de faire route seul avec Stanley jusqu'à Bolobo. Et au début du voyage, un accident survint qui aurait pu nous être fatal à tous.

Nous étions depuis fort peu de temps en route, quand le gouvernail fut emporté par le courant très rapide contre lequel nous naviguions. Ce fut un instant critique d'autant plus que le courant nous entraînait rapidement contre un îlot rocheux. On laissa immédiatement tomber toutes les ancres qui tout d'abord ne furent d'aucun secours; pourtant elles s'accrochèrent, enfin le petit vapeur vira complètement et manqua de chavirer.

Malgré le danger, il n'y eut aucune panique. Stanley, debout à l'avant, surveillant l'effet de notre brusque arrêt, cria : Attention! sur un ton qui en imposa à tout l'équipage. Les noirs, tremblants, attendirent sans bouger et nous finîmes, non sans de grandes difficultés, à tirer le navire de sa position périlleuse. En faisant tourner alternativement les deux hélices, nous avançâmes jusqu'au prochain poste, situé à un demi-mille du lieu où l'accident s'était produit, et nous y demeurâmes jusqu'au lendemain pour procéder aux réparations.

Ce même soir, en dépit de notre mésaventure, Stanley fut d'excellente humeur, et il raconta de façon très dramatique, divers incidents de ses rapports avec les Africains. Entre autres, il relata l'histoire de Barouti, un jeune nègre de Basoko, qui appartenait à une tribu cannibale. Stanley se prit d'affection pour lui, l'emmena en Europe et l'attacha à son service. Les instincts sauvages du noir étaient indéracinables, et malgré l'affection avec laquelle on le traitait il conserva la plupart des instincts violents de sa race. Un soir, à Londres pendant une absence de Stanley, Barouti essaya d'obtenir de la femme de charge qu'elle lui donnât les restes d'un plat favori enfermé dans le garde-manger. Sur le refus qu'on lui opposa, Barouti se mit en colère, et, s'emparant du bébé de la femme de charge, il s'enfuit en grimpant l'escalier quatre à quatre. Parvenu au dernier palier, Barouti tint l'enfant suspendu au-dessus de la cage et menaça de le lâcher si on ne lui accordait pas ce qu'il demandait.

. . . .

Pendant ce voyage, un travail d'importance capitale se présentait quotidiennement. Pour alimenter de combustible la machine, il fallait chaque soir couper du bois, ce qui obligeait parfois de travailler fort avant dans la nuit. Et même, en certaines occasions, on passait la nuit entière dans la forêt à abattre des arbres et à couper les bûches de la longueur requise.

Une fois, la besogne fut particulèrement pénible, et pendant deux jours et deux nuits, consécutivement, je n'eus guère le temps de me reposer. A l'encontre de mon habitude, je passai ces quarante-huit heures sans me raser. A la fin d'une conversation que j'eus avec lui, Stanley jeta un regard sur mon menton et me dit :

— Vous savez que le docteur Livingstone ne manquait jamais de se raser chaque matin.

. . . .

Un matin, à l'aube, Stanley appela ses Zanzibaris, mais ceux-ci étaient absolument épuisés par la veille et fort rares furent ceux qui répondirent.

Et Stanley alors, leur cria de toutes ses forces en kiswahili :

— Voulez-vous me suivre à la mort?

Immédiatement, il lui fut répondu de toutes parts :

— Ewallah, bwana!... Oui, oui, nous te suivons, maître.

. . . .

Je me souviens d'une autre soirée passée avec Stanley à bord du petit vapeur de la mission. C'était l'escale. Sur la rive, les hommes, groupés autour des feux, dormaient. Le ciel nocturne était sans nuages et une paix profonde régnait.

Stanley était assis sur l'écoutille, les jambes croisées, dans son attitude familière et caractéristique, et il y avait là aussi, avec nous, deux missionnaires, M. Darby et un autre, qui faisaient à bord l'office de mécaniciens.

Nous avions passé toute la soirée à parler de la Bible. Les missionnaires et Stanley paraissaient être parfaitement d'accord, et je prenais grand plaisir à leurs discussions théologiques.

Quand nous nous séparâmes pour la nuit, Stanley, à ma grande surprise, fit cette réflexion inopinée :

— Il y a un miracle que je n'ai jamais pu accepter littéralement. C'est quand l'ange Gabriel sonne de la trompette, et que s'écroulent les murs de Jéricho.

. . . .

A bord du vapeur de la mission, je passais les après-midi assis, à l'avant, à côté de Stanley, tandis que nous avancions lentement contre le courant, entre des îles et des rives boisées. Le soleil accablant jetait des reflets aveuglants sur le fleuve. L'huile de ricin employée pour graisser la machine répandait une odeur empestée qui se mêlait aux âcres relents des corps des nègres qui transpiraient serrés les uns contre les autres. Le bruit de l'hélice dans l'eau tourbillonnante accompagnait le murmure incessant des voix des hommes.

Stanley me questionnait longuement sur Bornéo où j'avais voyagé pendant un an seul dans l'intérieur, et il prenait intérêt à comparer les développements possibles des deux pays, ayant soin de n'omettre aucun trait favorable qui pût être à l'avantage de l'Afrique centrale, cette immense contrée avec laquelle il s'était si intimement identifié.

. . . .

Un campement temporaire avait été établi à Bolobo, et j'en eus le commandement. Avant de partir, Stanley

PORTEUR CONGOLAIS

Croquis de l'auteur.

eut une entrevue avec les principaux chefs des environs. Assis comme de coutume sur un pliant, Stanley, les bras croisés regardait s'approcher tour à tour chacun des chefs. L'un deux, un gaillard superbe, paré d'ornements indigènes, portait dans sa main droite une lance, et dans la gauche un long bouclier étroit. Il s'avança crânement devant Stanley la tête haute et le buste droit. Avec un geste majestueux, il souleva sa lance, la planta dans le sol, et jeta auprès son bouclier.

Il commença seul son discours, mais bientôt il eut recours à l'interprète.

Il protestait contre l'installation du camp de l'homme blanc à proximité de son village.

Stanley restait assis, immobile, les yeux fixés sur le visage du chef, et ne prononçait pas un mot. Peu après l'attitude du chef se modifia. Il semblait diminuer de stature. En vain portait-il ses regards de droite à gauche. Le regard perçant des yeux gris de Stanley paraissait le déconcerter intolérablement.

Bientôt, tout penaud, le chef ramassa son bouclier, arracha sa lance, dont il laissait traîner le manche à terre en s'en allant.

Et, devant l'issue de l'incident, je remarquai sur le visage de Stanley un bizarre sourire.

. . . .

Au cours d'une conversation avec Stanley, je fis allusion au mystère extraordinaire que devait paraître notre arrivée aux yeux des indigènes. J'essayai de décrire l'impression que nous devions produire sur les naturels, avec notre nombreuse escorte de Zanzibaris, de Soudanais et d'Arabes.

Sur un ton quelque peu impatienté, Stanley m'interrompit :

— Mon cher, en ce monde, nous ne pouvons nous attarder à songer aux impressions que nous produisons. On n'a pas le loisir de s'offrir cette sorte de fantaisie.

. . . . . .

En quittant le camp de Bolobo, dont il me laissait la charge, Stanley me serra chaleureusement la main et me dit :

— Allons, Ward, surveillez bien vos hommes. Évitez toutes les hostilités. Restez en bons termes avec les gens d'alentour. Mais, notez bien ceci. S'il faut vous battre, *battez-vous*. Au revoir et à la grâce de Dieu !

. . . .

Pendant le transport des bagages de Stanley, une grande caisse suspendue à une forte perche et nécessitant deux porteurs me causa toutes sortes de difficultés dans les villages que nous traversâmes.

Chez les Africains, l'étiquette exige qu'on ne pose aucune question au visiteur sur ses occupations ou sur l'objet de sa visite. Cependant, en la circonstance, la curiosité l'emportait, et ils en arrivaient à se départir de la règle. Ils s'imaginaient que la grande caisse contenait un cadavre. En deux ou trois occasions, nous fûmes sur le point d'avoir à faire face à de grands ennuis, car, dans certains villages, des tentatives furent faites pour m'empêcher d'aller plus loin. Les indigènes refusaient de me vendre des aliments ou de me permettre de camper dans le voisinage. Je leur affirmai que la caisse ne contenait assurément rien qui ressemblât à un cadavre.

— Eh! bien, alors, montre-nous ce qu'il y a dedans, disaient-ils.

La caisse était fermée et je n'avais pas la clef des serrures, je ne pouvais donc donner la preuve irréfutable de la véracité de mes assertions.

— Alors, va-t'en, retourne en arrière, répondaient-ils. Quitte notre pays. Nous ne te permettons pas de passer par ici.

. . . .

Aux premiers temps de la formation de l'État indépendant du Congo, quelques compagnons de Stanley se plaignirent à lui de manquer de nourriture convenable. Flegmatiquement, il leur répondit :

— J'en suis bien fâché, messieurs, mais les chèvres sont mal nourries depuis quelque temps.

A l'occasion d'une plainte du même genre faite par une délégation d'employés du quartier général, Stanley, après avoir écouté avec beaucoup d'attention, dit gravement : « Prions le Seigneur. »

. . . .

Au poste de la mission qu'avait établi Ingham, Stanley remarqua un gamin indigène, vif et épanoui. Il lui caressa la tête et dit au missionnaire :

— Je ne serais nullement surpris, Ingham, si quelque jour ce petit bonhomme devenait évêque.

— Je ne le pense pas, répliqua Ingham, car il est parfois très désagréable.

— Raison de plus, rétorqua Stanley.

. . . .

La chasse au gros gibier ne paraît pas avoir eu d'attrait pour Stanley. S'entretenant de chasse avec Glave, Stanley observa :

— Supposons qu'on nous signale en ce moment un éléphant dans le voisinage, je resterais ici, confortablement et en sécurité et je vous dirais : « Glave, il y a un éléphant aux environs, pourquoi ne prenez-vous pas votre fusil pour aller l'abattre? »

. . . .

Pendant qu'on élevait les bâtiments de Vivi, le docteur Rolf Leslie, le major principal, mit, comme tout le monde, la main à la pâte et s'adonna particulièrement à la charpente.

— Vous voyez, dit-il un jour à Stanley qui passait, me voilà devenu charpentier.

— Pourquoi pas, répondit Stanley, notre Sauveur l'a bien été.

. . . .

C'est en 1881, à Issanghila que Stanley reçut son sobriquet de Boula Matadi. A cette date, Stanley faisait transporter par terre les diverses parties d'une chaloupe à vapeur, et en certains endroits il fut nécessaire de faire sauter à la dynamite des blocs de roches qui obstruaient le passage. En 1884, le chef d'un petit village siué derrière Issanghila, me relata l'incident qui indique, selon toute évidence, l'origine de ce surnom fameux.

— Il y a longtemps, dit le chef, un gamin est accouru

COUTEAU DE COMBAT — MANGALLA —

Collection de l'auteur.

vers moi et il m'annonça que l'étrange homme blanc était en train de casser les roches.

L'esprit des indigènes fut impressionné par l'idée qu'un homme essayait de s'en prendre à la nature. Les noirs acceptent les choses telles qu'elles existent. Si un arbre choit en travers d'un sentier, ils en font le tour : « C'est la nature qui a voulu qu'il tombât, se disent-ils, et ce n'est pas notre affaire de nous en mêler. »

La véritable orthographe du surnom de Stanley est « Boula Matadi », de *boula,* briser, et *matadi,* pierres (au singulier : Ntadi, une pierre dans le dialecte kikongo). Dans l'intérieur de l'Afrique et parmi les Zanzibaris, la lettre *r* est fréquemment substituée au *d,* et cette particularité explique la différence d'orthographe : Boula Matari, au lieu de la forme originale Boula Matadi.

Stanley est mort il y a six ans, le 10 mai 1904. Pendant que j'assistais au service funèbre, dans l'abbaye de Westminster, mon sentiment était le même que celui des noirs du Congo, qui, à l'annonce de la disparition du grand explorateur, disaient, j'en suis certain :

— Ce n'est pas vrai ! Boula Matadi n'est pas mort.

LES PAROLES D'OULEDI PAGANI

Parmi les Zanzibaris de l'expédition Emin-Pacha, qui furent laissés à Yambouya pour cause de maladie ou de débilité, un bon nombre avaient passé leur vie à parcourir les régions inconnues de l'Afrique. Malgré ma connaissance assez intime du dialecte kiswahili, j'éprouvai de grandes difficultés à obtenir d'eux des renseignements intéressants. C'étaient pour la plupart des esclaves réduits au rôle de porteurs. Doués d'une certaine intelligence et d'esprit prompt, ils n'avaient aucune faculté d'observation et leurs récits contenaient de monotones répétitions au sujet des fatigues, des privations, des souffrances qu'ils avaient endurées pendant leurs voyages.

Pourtant, dans le nombre, Ouledi Pagani formait une heureuse exception. C'était un homme d'aspect doux, un vieillard, non pas par l'âge, mais parce que son existence avait été dure et qu'il portait des traces de souffrance. Sa santé était délabrée, et malgré tous les soins, il maigrissait et s'affaiblissait de jour en jour.

Pendant les longues heures que je passai auprès de lui, assis dans un coin tranquille du camp, je recueillis une sorte de sommaire de sa vie. Il parlait avec franchise et simplicité, mais il ne racontait pas volontiers, bien qu'il fût toujours prêt à répondre aux questions que je lui posais. Sur sa sincérité et sa véracité, je ne nourris pas le moindre doute, car ce pauvre être errant, usé par tous les climats, et le corps couvert de cicatrices, blessures nombreuses, n'était plus à l'âge où les hommes cèdent à la tentation d'embellir ou d'exagérer les faits.

Voici, sans amplification ni altération, et traduites littéralement, les paroles d'Ouledi Pagani.

Dans sa jeunesse, il fit plusieurs voyages au Masaïland, avec son maître arabe Bouana Ouadoud qui recueillait de l'ivoire en échange de marchandises que lui avançait un marchand hindou. A l'arrivée de Stanley à Zanzibar, en 1871, Ouledi s'engagea dans son escorte, avec un grade inférieur; il accompagna Stanley dans son exploration à la recherche de Livingstone et il fut présent à la rencontre des deux Européens à Oudjidji. Quand Stanley repartit, Ouledi resta auprès de Livingstone jusqu'à la mort de ce dernier.

— Le docteur Livingstone était un vieillard, n'est-ce pas?

— Ah! oui, il était vieux; il n'avait plus de dents et on lui faisait cuire sa viande pour l'amollir.

— Qu'est-ce que le docteur Livingstone a dit quand Stanley arriva à Oudjidji!

— Il a dit : « Je suis très heureux. Vous m'avez amené mon enfant. » Ah! c'était un bon vieillard et nous l'appelions Bouana Makouboua. Stanley nous avait dit que c'était un grand personnage.

— Est-ce que le docteur Livingstone écrivait et dessinait beaucoup?

— Oui, il avait une boîte sur trois bâtons; il mettait sa tête dedans et se couvrait d'une étoffe rouge.

— Est-ce que tout le monde l'aimait?

— Oh! maître, tout le monde l'aimait beaucoup!

— Raconte-moi comment il est mort.

— Eh bien, le Bouana Mokouboua fut malade pendant six jours dans sa case, au milieu du village Kataui, sur les bord du lac Bemba. Il mettait continuellement sa main sur sa poitrine et disait que c'était là qu'était la souffrance. Il mourut au coucher du soleil, mais un peu avant, il nous donna des papiers et nous ordonna de les porter au consul anglais de Zanzibar; il nous donna aussi son grand chien. Quand il fut mort nous avons tous pleuré, et les indigènes aussi. Le chef était frère de sang du Bouana Makouboua. Nous avons retiré du corps tous les intestins; nous l'avons fait sécher au soleil pendant vingt-deux jours; ensuite nous l'avons roulé dans des couvertures, mis dans un cercueil d'écorce, et alors, soixante-cinq d'entre nous, conduits par notre mounipara Mouini Hasali, nous l'avons emporté jusqu'à la côte.

— Pourquoi vous êtes-vous donné tout ce mal avec le cadavre?

— Parce que nous avions peur que les gens de Zanzibar disent que nous l'avions abandonné ou qu'il avait été tué, ou que nous soyons accusés de l'avoir tué nous-mêmes. Mais les gens de Zanzibar furent contents que nous ayons ramené son corps, qu'ils renvoyèrent dans son pays par un navire, et ensuite on nous donna des anneaux avec nos noms gravés dessus.

— Comment s'appelaient les deux hommes qui évitèrent au docteur le danger d'être mis en pièces par un lion?

— Ouadi Mozera et Mouini Hasali.

Peu après, Ouledi Pagani entra au service d'un Anglais, dont il avait malheureusement oublié le nom, mais que ses hommes appelaient Kandenga (Poil sur le torse), et il l'accompagna dans l'Ouganda.

A son retour, il conduisit dix prêtres français à Oudjidji. L'un deux mourut en route, à Ngogo, et les autres poussèrent jusqu'à Ouganda, avec Mouini Pemba.

Ensuite, il suivit, dans ses chasses à l'éléphant, le capitaine Carter, surnommé par ses hommes Paperone (celui qui est prodigue de ses biens) (1).

Libre à nouveau, il resta quelque temps à Zanzibar, gagnant difficilement sa vie à vendre au marché des légumes et des fruits, jusqu'à ce que Stanley repartît pour se mettre à la tête de l'expédition qui devait explorer les grands lacs et le mystérieux fleuve Loualaba.

Ouledi se joignit à l'expédition et il m'a raconté comment moururent les jeunes Anglais Barker et Edward Franck; il m'a narré le voyage de Nyanda

(1) Le capitaine Carter partit de Zanzibar avec deux éléphants des Indes, pour le compte du roi des Belges, dans le but de capturer des éléphants d'Afrique. L'expédition échoua lamentablement.

au lac Mouté Nguigué, les explorations du lac Tanganyika, la marche jusqu'à Nganoué, les négociations du traité avec Tippo Tib et la descente du fleuve.

— Il y eut de nombreux combats avec les indigènes? lui demandai-je.

— Oh! oui, et on a tué beaucoup, beaucoup d'hommes.

— Et quand Franck Pocock se noya, à Zinga, sur le bas Congo, étais-tu là?

— J'étais là et j'ai vu chavirer le canot.

Je lui demandai alors de me raconter tout ce qu'il savait à ce sujet; et il commença :

— Nous l'appelions Mabiouki, parce qu'il était notre ami et qu'il mangeait souvent avec nous dans la même écuelle. Il devait, avec quelques-uns d'entre nous, attendre, au-dessus d'un mauvais passage des rapides, que Stanley nous donnât l'ordre d'avancer. Le maître était parti en avant pour voir les indigènes.

Des pagayeurs vinrent chercher une pirogue et Pocock voulut partir avec eux, « car, dit-il, comment attendre ici sans nourriture ». Ouledi lui fit remarquer qu'il ne serait pas possible de franchir les rapides avec un passager dans la pirogue, mais il s'y était installé et n'en voulut pas descendre.

Ils se mirent en route, et je les suivis des yeux, et je vis chavirer la pirogue. Sabouri et moi courûmes avertir Stanley qui entra dans une grande colère, nous lança de violentes injures et nous dit : « Pourquoi l'avez-vous laissé entrer dans la pirogue. » Mais que pouvions-nous faire? Il était le maître et nous aurait donné des coups de fouet si nous avions essayé de le retenir de force.

La mort de Pocock affligea tous les hommes. Pendant trois jours, ils firent entendre des lamentations pour la perte de Mabouiki, leur Bouana ndogo (leur petit maître), à qui ils étaient vivement attachés. Stanley s'irrita de leur faiblesse : « Était-il votre Père? cria-t-il. Non, c'est moi qui suis votre Père. Est-ce lui qui aurait payé vos salaires à Zanzibar? Non, c'est sur moi que vous devez compter pour avoir votre argent, et maintenant vous allez cesser de gémir comme des femmes. » Peu après cet accident, nous étions tous mourants de faim, car les perles de verre n'avaient pas cours pour nous acheter de la nourriture. Nous tâchions de voler du manioc dans les plantations qu'on rencontrait, quelques-uns se firent tuer et quatre ou cinq furent attrapés et pris par des indigènes, à Manyanga et à un endroit situé en face de Ndunga.

— Vous étiez tous contents d'arriver sur la côte, je suppose?

— Oh! oui, oh! oui, bien contents, maître. Là, nous avions de la bonne nourriture et beaucoup d'étoffe pour couvrir nos corps, car nous étions nus. On nous donnait du vin et toutes sortes de bonnes choses, comme aux Wasoungous (Européens). En passant au Cap, on nous fit présent de beaucoup de cadeaux, et quand nous arrivâmes chez nous à Ngoudja, nous avons tous pleuré parce que nous avions, en descendant les cataractes du Congo, perdu tout espoir de revoir notre pays. Mais bientôt, quand tout notre argent fut dépensé, il nous fallut à nouveau trouver de l'ouvrage. En rentrant à Zanzibar, j'avais résolu de ne plus jamais voyager, mais quand Stanley revint et se mit à rechercher des hommes pour établir des postes dans le Congo, je signai encore et repartis. Nous eûmes de grandes difficultés pour transporter à Stanley-Pool la baleinière et le *Royal*. J'étais à Manyanga quand Stanley fut si malade et c'est là, dans le grand marché, que je retrouvait Salimini Rada, l'un de mes compagnons qui avait été fait prisonnier en volant du manioc lorsque nous avions faim. Il me fit un présent de plusieurs gros Kouañgas, de poissons et de pistaches et il me dit qu'il était très heureux, qu'il avait une femme et un enfant et qu'il ne désirait pas retourner à Zanzibar, où je connaissais son autre femme et ses deux enfants. Aussi, il ne se montrait pas à nous de peur d'être repris et ramené à Zanzibar.

Après avoir servi trois ans au Congo, je rentrai chez moi, et, avec mon argent, j'achetai trois esclaves. Mais je ne pouvais tenir en place, aussi je me remis en route avec un père jésuite qui allait à Tsabwa, Nyanembé, et je fis plusieurs autres petits voyages, jusqu'à ce que Stanley revînt à Zanzibar recruter encore une fois des hommes pour l'expédition présente.

Bien des volumes ont été écrits sur ces voyages si brièvement résumés par Ouledi Pagani, dont les pérégrinations sont probablement sans exemple. Et ce fut un sort bien triste pour le pauvre diable de mourir lamentablement de faim, au cœur de l'Afrique.

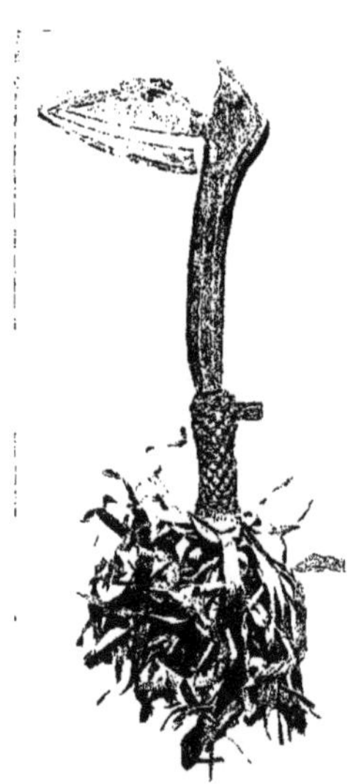

COUTEAU DE COMBAT — ARUIMI —

Collection de l'auteur.

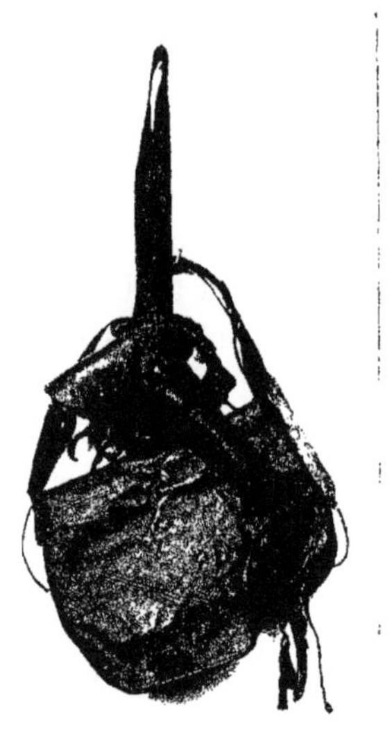

VADE-MECUM DE L'AUTEUR

Sac à croquis et revolver.

LES IMPRESSIONS DE BOULELOU

Quand mon ami Alfred Parminter revint d'Afrique, il ramena avec lui un jeune nègre nommé Boulélou qui appartenait à une tribu cannibale de Bengala.

Je pris un grand intérêt à observer les impressions que produisait sur l'Africain l'extraordinaire changement de milieu. J'eus soin d'écrire ses réponses à mes questions, m'efforçant autant que possible de les noter dans son propre dialecte.

— Si j'aime ce pays? C'est un pays excellent! Il y a beaucoup de bonnes choses à manger et il n'y a pas d'animaux au cœur mauvais pour vous tuer.

— Q'est-ce qui t'a le plus étonné dans notre pays, Boulélou?

— Tout. Lo! Quelle quantité d'hommes blancs! Et comme ils sont silencieux! Nous autres, nous parlons et nous crions tous à la fois. Ici, les hommes marchent avec leur bouche fermée. Les grandes maisons me rendent ahuri. Les larges chemins de la ville, avec les chevaux et les voitures me fatiguent la tête. Il y tant de choses à voir que mes yeux ont sommeil. Tout est bon ici. Je ne connais rien de mauvais, mais... je suis tout seul, et je me sens perdu et triste.

Boulélou retomba dans le silence, s'accroupit sur ses

talons et fixa son regard sur les mouches qui dansaient dans un rayon de soleil.

Ma longue fréquentation de ses semblables en Afrique me permit de remarquer, dans les manières de Boulélou, une certaine timidité qui contrastait étrangement avec l'assurance naturelle qui est une caractéristique de sa race. Apparemment, il en était arrivé à saisir la différence qui distingue l'existence des civilisés de celle des noirs barbares, et le sentiment de sa situation présente l'emplissait d'une sorte de gêne.

Contemplant les panoplies d'armes africaines qui ornaient mes murs, il les indiqua du doigt, d'un geste vif, et s'écria avec une profonde surexcitation :

— Koï-yé! Les voilà supendus, ngourou nalikongo, nos coutelas et nos lances. Regarde, ô homme blanc, il y a des traces de sang sur ce bouclier. C'est sûrement le sang de quelqu'un de mon peuple. Ekh! mon cœur désire mon pays.

— Ces armes sont comme des amis pour toi, Boulélou, n'est-ce pas? Elles éveillent dans ton esprit des souvenirs de ta vie à Bangala. Ton pays est sauvage, Boulélou, peux-tu me raconter quelques histoires arrivés dans ton village, avant que tu aies connu les hommes blancs.

— Il y a de cela bien des lunes. Je n'étais pas plus grand que ça, — fit Boulélou en abaissant sa main à deux pieds du sol, — quand Boula Matadi descendit le grand fleuve (exploration du Congo par Stanley, en 1877). J'étais petit, mais j'ai entendu les fusils. Il a combattu contre mon peuple et il a tué beaucoup d'hommes. Il y avait Mabololo, et Dingouma, et Isongo, et Manyali. C'étaient de grands chefs et leurs esprits sont tous partis d'avec nous à cette époque. Puis, je me rappelle, ensuite, comment nous avons fait la guerre au peuple de Mbenga.

Debout maintenant au milieu d'un escalier, Boulélou commença à gesticuler. Sa réserve avait disparu et il se donnait chaleureusement à ses souvenirs.

— Les gens de Mbenga nous attaquaient parce qu'ils prétendaient que nous étions possédés d'un esprit mauvais et que nous avions envoyé le redoutable homme blanc pour les tuer. Mais ils mentaient. Ils vinrent dans des pirogues et *tor, tor,* nos lances tombaient dans leurs corps. Regarde! Un homme tomba mort tout près comme cela, et Boulélou indiqua une marche au-dessous de lui, un autre vint et tomba par-dessus, puis un autre et un autre encore. Nos tambours et nos cors faisaient grand tapage, et derrière, dans la forêt, les femmes pleuraient. Oh! il y eut beaucoup d'hommes tués ce jour-là, et je les ai vus mourir, mais j'étais encore tout petit. Quand le soleil descendit dans le ciel, nos guerriers vinrent avec leur coutelas et pendant toute cette nuit-là, ils mangèrent beaucoup d'hommes. Partout, la terre était trempée de sang et c'est mauvais pour les pieds de marcher dans le sang...

J'interrompis cette description, et j'emmenai Boulélou faire une promenade dans la campagne. Le paisible bêlement des moutons et le chant joyeux de l'alouette faisaient un étrange accompagnement à nos pensées toutes pleines de l'Afrique sauvage. Finalement nous fîmes halte sur les berges de la rivière et tandis que Boulélou assis s'absorbait dans la contemplation des truites filant entre deux eaux, je cherchai à me représenter l'état d'esprit de ce jeune nègre africain, accoutumé dès sa plus tendre enfance à des spectacles aussi féroces. La mise à mort d'un animal sauvage, dans ces lointaines contrées est un événement infiniment plus mémorable que le massacre d'un être vivant. Et cependant rien dans les manières du jeune nègre n'indiquait des dispositions sanguinaires; au contraire, il apparaissait inoffensif et bon. Sa voix était douce et musicale, et son attitude respectueuse. A part la marque de sa tribu, la dikouala cicatricée sur sa figure, et ses dents appointies, le seul indice extérieur de son origine barbare se trouvait dans l'expression particulièrement évasive de ses yeux injectés de sang.

— As-tu beaucoup de parents, demandais-je à Boulélou, désireux de m'assurer si les scrupules superstitieux qui empêchent la plupart des nègres du centre de l'Afrique de prononcer le nom des morts, auraient encore leur influence sur lui dans les circonstances présentes.

— J'ai quatre frères de la même mère.

— Ton père vit-il toujours?

Boulélou grogna par deux fois et secoua sa main ouverte pour exprimer une réponse négative.

— Comment s'appelait ton père?

Boulélou secoua la tête.

E. J. Glave W. G. Parminter Roger Casement
Herbert Ward

— J'étais tout petit en ce temps-là. Lui, était un chef qui avait beaucoup d'esclaves et vingt-cinq femmes, mais ma mère fut la seule de ses épouses qui lui ait donné des enfants. Un esprit malfaisant entra dans son cœur et il mourut de sommeil.

C'était l'impitoyable maladie du sommeil, appelée bokono par les indigènes et fort répandue dans tout le Congo.

Malgré tous mes efforts, je ne réussis pas à obtenir le nom du père de Boulélou.

— Serais-tu content de vivre toujours dans ce pays-ci, Boulélou, tout ce que tu vois est bon. Dans ton pays, tu n'as guère de plaisir.

Boulélou contempla un instant les allées et venues des poissons dans les eaux claires de la rivière, puis il répondit simplement :

— Je suis tout seul.

Et ce disant, il revoyait sans doute l'éblouissement du soleil tropical sur les bouquets de palmiers; les corps noirs de ses compatriotes brandissant leurs lances aux fers scintillants; les brillants colibris voltigeant autour des rameaux fleuris; il entendait le bourdonnement des abeilles et des mouches, le babillage des singes dans la grande forêt, au débordement de vie luxuriante...

— Quand tu rentreras chez toi, à Bangala, tu seras un homme fameux, Boulélou. Tu es le premier de ta tribu qui soit sorti d'Afrique.

— Ah! Lorsque je retournerai auprès de mon peuple et que je leur raconterai les merveilles de ton pays, ils diront : « Loukouta, Koyé! Tu mens! » Mais je répondrai : « Bikai yousono, malami be, nampoutou. Sola e Koyé. » Peu importe! Tout ce que je dis est vrai. Tu prétends que je mens. C'est fini, j'ai vu ces choses-là et tu ne les as pas vues.

Là-dessus, Boulélou souleva ses sourcils et haussa les épaules; puis, il sourit avec satisfaction devant l'irréfutable logique des arguments au moyen desquels il se proposait de subjuguer ses compatriotes sceptiques.

SOUVENIRS

Cherchant du feu pour ma pipe, j'entrai dans une case indigène, obscure et fermée. Au milieu, un feu achevait de se consumer où je pus trouver la braise ardente qu'il me fallait. Devant moi j'entrevis une forme accroupie. Aussitôt je prononçai le salut ordinaire qui resta sans réponse. Étendant alors la main, je découvris, à ma grande horreur, que cette forme était un cadavre fumé et desséché. En sortant de la hutte, j'en rencontrai le possesseur qui manifesta à ma vue une grande inquiétude. La forme desséchée que j'avais vue était, me dit-il, celle d'une de ses femmes favorites, et non sans une extrême mauvaise volonté, il finit par me fournir cette explication :

— Je l'aimais trop pour l'enfouir dans la terre.

. . . .

A Saint-Paul de Loanda, je rencontrai un vieux fonctionnaire portugais, sur le compte de qui courait une assez piquante histoire.

Au cours d'une conversation avec le capitaine d'un croiseur anglais, ils en vinrent à parler de la traite des esclaves sur les côtes d'Afrique, au temps de leur jeunesse.

En relatant ses souvenirs personnels, l'officier

anglais raconta que c'était justement au large de Saint-Paul de Loanda qu'il avait assisté à un exploit de marin tout à fait remarquable. Son navire donnait la chasse à un schooner qu'on savait chargé d'esclaves. Le schooner échappa en doublant un certain cap, audace qui, étant donnée la direction du vent, excita l'admiration de tous. L'officier entra dans des détails techniques, discutant sur la direction du vent et traçant sur la table un graphique sommaire.

Le vieux Portugais, qui avait jusqu'ici écouté en silence, interrompit le capitaine :

— Il aurait été impossible de doubler le cap si le vent avait soufflé dans la direction que vous dites.

— Mais, je m'en souviens très bien, puisque j'y étais.

— C'est bien possible, répliqua le Portugais. Mais c'est moi qui commandais le schooner...

. . . .

Lorsqu'au printemps de 1886, je fus nommé au commandement du poste de Bengala, l'une des premières obligations à laquelle je dus me soumettre fut la cérémonie de la fraternité du sang avec le chef indigène, le fameux Mata Bouiki.

Agé d'environ soixante ans, le chef avait six pieds de haut, de larges épaules, des membres vigoureux et sa physionomie prenait, de ce qu'il était borgne, une expression particulière de cruauté.

En présence d'une foule de noirs bruyants, qui sentaient mauvais, Mata Bouiki et moi nous nous assîmes sur des tabourets de bois placés l'un en face de l'autre.

LA GRANDE ROUTE

Dessin de l'auteur.

Les tambours, battus sur une certaine cadence, commandèrent le silence, et l'inévitable sorcier, affublé de toute sa défroque, fit son apparition. Dans chacun de nos bras droits, une incision est faite au-dessus du coude, et le sang coule en un mince filet. Le sorcier saupoudra les plaies de chaux et de potasse, tout en bredouillant à mots pressés une exhortation à observer la sainteté de ce contrat. Nous frottâmes alors nos bras l'un contre l'autre pour bien mélanger le sang et nous fûmes, ce vieux cannibale et moi, proclamés « frères de sang » et désormais nous ne devions plus avoir dans la vie qu'un intérêt commun.

Les témoins ratifièrent l'engagement par de turbulentes et tapageuses manifestations. Somme toute, la cérémonie eut pour moi des conséquences assez coûteuses, car Mata Bouiki m'extorqua des quantités de cotonnade et de perles de verre, pour avoir des preuves tangibles de notre nouvelle parenté.

. . . .

Pendant mon séjour à Yambouga, il survint de nombreux événements dramatiques qui ont été ailleurs relatés en détail (1). Entre toutes les tragédies qui marquent cette époque, il est un incident particulièrement pathétique qui reste obstinément gravé dans ma mémoire.

Il était midi; dans l'intense chaleur, l'atmosphère résonnait du bourdonnement des insectes. La réverbé-

(1) Voir *My Life with Stanley's Rear Guard*. Chatto and Windus, London.

ration du soleil aveuglait. D'âcres et fétides exhalaisons se dégageaient des monceaux de détritus qui entouraient le camp. Un infortuné Zanzibari, dont les jambes étaient couvertes d'ulcères suppurantes, se traînait sur le sol à l'aide d'un bâton. Je lui fis des reproches de s'exposer ainsi à la chaleur intense du soleil et je lui offris mon aide pour aller se mettre à l'abri dans une case voisine. Laissant tomber son bâton, il fixa ses yeux sur moi et l'expression de son regard était troublante.

— O maître! dit-il, hier, mon ami, l'ami de ma jeunesse est mort, et on l'a enterré là-bas; nous nous étions juré de ne jamais nous séparer. Alikou rafiki angou Sana, il était mon seul ami.

Et avec un regard implorateur qui hante encore mon souvenir il continua :

— O Bouana Angou, permets-moi de le suivre.

Non sans difficulté, je réussis à calmer un peu le chagrin du malheureux et je le laissai dans le camp, à l'abri du soleil et des mouches.

Pendant la nuit, un orage épouvantable s'abattit sur la forêt, un de ces ouragans qui sont particuliers aux régions tropicales de l'Afrique et de la violence desquels il est difficile de donner une idée. Mon service, cette nuit-là, m'obligeait à visiter les sentinelles, car nous vivions au milieu de dangers perpétuels et nous savions par expérience que les indigènes profitaient volontiers de pareilles occasions pour tenter une attaque.

Pataugeant sous la pluie battante, au milieu des

roulements assourdissants du tonnerre, aveuglé de temps à autre par des éclairs qui déchiraient le ciel, au-dessus de ma tête, je trébuchai sur un obstacle étendu sur mon passage. M'étant procuré du feu dans une case voisine, je constatai que j'avais butté contre le cadavre froid et rigide à présent, du pauvre diable qui m'avait si pitoyablement exposé son désespoir ce même jour.

Il était mort dans la case, mais ses barbares compagnons avaient jeté dehors sa dépouille. Avec des sentiments de sympathie pour le malheureux et de colère contre ses compatriotes inhumains, je passai une grande heure à enterrer le mort à côté de son ami.

La nature perdit son aspect furieux; le soleil se leva dans un ciel débarrassé de nuages et ses gais rayons essuyèrent le monticule de terre sous lequel dormaient, côté à côte, les deux Zanzibaris unis dans la mort.

. . . .

Pendant la saison pluvieuse, la caravane avec laquelle je voyageais arriva devant un torrent débordé et c'est en vain que nous essayâmes par tous les moyens de le franchir. Finalement, nous abattîmes un arbre de façon à le faire choir en travers de la rivière. Malheureusement, il tomba dans la partie la plus profonde et le tronc s'enfonça à quelque trois pieds au-dessous de la surface. Avec mille précautions, chacun des porteurs de ma caravane réussit à passer, et il ne resta bientôt plus qu'un indigène et moi.

Le noir plaça le pied sur le tronc submergé, avança en tâtonnant et ne conserva son équilibre qu'avec de grandes difficultés. Je suivis presque immédiatement derrière, et les eaux boueuses tourbillonnaient autour de nos jambes.

J'étais à mi-chemin déjà, lorsque j'entendis des cris sur la rive. En levant la tête, j'aperçus une branche énorme que le courant amenait rapidement dans notre direction. Elle heurta le noir à l'épaule, devant moi, et le renversa. Une seconde après, alors que j'avais toutes les peines du monde à rétablir mon aplomb, la tête du malheureux reparut un peu plus bas. Ses traits étaient convulsés de terreur. Il leva les bras en l'air, en criant lamentablement :

— Ekh, Mama! et il coula soudain à pic.

PORTEURS

Aux premiers temps de la colonisation du Congo, avant l'apparition des chemins de fer, il fallait transporter toutes les marchandises, tous les fardeaux par terre, et le système du portage par des caravanes indigènes était le seul moyen possible.

Les charges que les noirs portaient sur la tête étaient généralement composées de façon à ne pas excéder un poids de soixante-cinq livres anglaises et presque invariablement c'étaient les plus faibles qui portaient les poids les plus lourds...

Les chemins que suivaient les caravanes pour aller dans l'intérieur n'avaient guère qu'un pied de large d'un bout à l'autre de leur parcours. Fréquemment, dans le creux des vallées, le chemin serpente bizarrement. L'explication de ces sinuosités inutiles est bien simple. Les porteurs, las, exténués, épuisés, tombaient souvent mourants, en route. La caravane suivante faisait un détour pour éviter d'enjamber le cadavre; en peu de temps, la végétation recouvrait le squelette et l'ancienne piste disparaissait à jamais.

Les caravanes sont constamment gênées, dans leur route à travers la forêt, par des cours d'eaux devenus torrents. Il n'est pas rare de trouver des ponts habilement construits et suspendus aux grands arbres de chaque rive par des lianes et des tiges souples de plantes grimpantes. Il faut une grande habileté aussi pour franchir ces passerelles et ceux qui les ont construites exigent habituellement un péage des voyageurs qui s'en servent pendant les crues.

. . . .

L'existence du porteur est des plus dures. Pourtant, les noirs préfèrent, à un travail régulier en un même endroit, entreprendre un voyage de deux cents milles à travers une contrée impraticable, chargés d'un pesant fardeau. La routine d'une besogne quotidienne est moins en harmonie avec la nature de l'Africain que le sentiment d'indépendance et de liberté qu'il conserve pendant ces pérégrinations.

Quelques poignées de pistaches, quelques épis de maïs composaient toutes leurs provisions. Pendant des jours entiers, et parfois pendant de longues heures sans un repos, ils cheminaient sur des sentiers pierreux et montueux, ou pataugeaient dans des sols marécageux, obligés de maintenir d'aplomb sur leur tête de lourdes charges.

A la tombée de la nuit, on s'arrêtait où l'on se trouvait; les porteurs remontaient sur leurs épaules leurs légères ceintures de cotonnade et s'étendaient pour dormir, devant les feux, sur le sol nu. Pendant la nuit, des rafales de vent froid ou des averses orageuses les éveillaient. Alors, ils attisaient les feux, s'accroupissaient plus près des flammes, et babillaient en claquant des dents. A l'aube, ils se levaient, bâillaient, étiraient leurs membres engourdis, arrangeaient leurs ceintures; puis, replaçant leurs charges sur leur tête, ils se remettaient en route pour franchir une quinzaine de milles sans aucune halte.

. . . .

Il y a une vingtaine d'années, le voyageur qui se rendait au centre de l'Afrique avait, au début de son trajet, à entreprendre, par terre, une pénible marche de quelque trois cents milles avant d'arriver à Stanley-Pool, d'où des vapeurs à faible tirant d'eau le transportaient jusqu'au cœur du continent noir. De Stanley-Pool, le haut Congo, avec ses affluents de droite et de gauche, offre un parcours de cinq milles navigable pour des vapeurs de petit tonnage.

L'itinéraire était généralement divisé en deux parties. Les deux principales tribus qui fournissaient les hommes étaient jalouses l'une de l'autre et elles ne toléraient pas que d'autres équipes de porteurs pussent traverser leur territoire.

C'est à Manyanga qu'était l'étape où se faisait le transfert des charges. Chaque porteur qui avait amené sa charge à bon port était rémunéré au moyen d'une quantité stipulée de cotonnade dont la valeur ne dépassait pas une somme totale de trois shillings. Cette somme était gaiement acceptée, en règlement définitif, pour le portage d'un fardeau de soixante-cinq livres sur une distance de cent cinquante milles à travers une contrée accidentée.

La seconde partie du voyage était effectuée par les membres de l'autre tribu contre un paiement similaire.

Le recrutement des porteurs était une tâche qui exigeait beaucoup de tact et une parfaite connaissance du caractère indigène. Il s'opérait dans de petits villages éparpillés, par l'intermédiaire de divers chefs. Chaque caravane recrutait ainsi de vingt à cinquante hommes conduits par un *kapito* qui était responsable des marchandises et veillait à ce qu'elles parvinssent à destination.

Le trajet de Matadi à Stanley-Pool était en tout temps d'une durée très variable. En tenant généreusement compte de tous les délais et retards qui surviennent immanquablement dans les voyages africains, il fallait de deux à trois mois pour ce parcours. Bien que la distance, un peu moins de trois cents milles, pût, si les circonstances étaient favorables, être franchie en moins de quinze jours, le portage subissait le contre-coup de la fragilité de la nature humaine : d'interminables arrêts dans des villages écartés de la route suivie par les caravanes expliquaient en général bien des anicroches. Des raisons originales et toujours prêtes fournissaient un bon prétexte au retard, et l'ingéniosité déployée en pareil cas par les noirs devait singulièrement exercer la patience du chef.

Les porteurs congolais ne donnent guère l'idée d'une force physique anormale; mais en réalité ils possèdent des qualités d'endurance tout à fait remarquables.

. . . .

J'occupais généralement mes loisirs, en Afrique, à prendre des notes, à étudier des dialectes et à dessiner

ARMES CONGOLAISES

Collection de l'auteur.

des types indigènes. Parfois, il était assez difficile de portraicturer mes modèles, parce qu'ils s'imaginaient que mes coups d'œil et les traits de crayon que je traçais avaient pour but de leur jeter des sorts; et souvent, sans le moindre avertissement, ils bondissaient et s'enfuyaient. Il leur était impossible de comprendre une figure sur une surface plane. Lorsque je leur montrais mes dessins, ils avaient coutume de les tourner à l'envers; j'attribuais cette particularité au changement insolite de foyer pour leur vision, leurs yeux étant habitués à de longues distances. Cependant les noirs semblent tous posséder le sens de la forme. Les travaux véritablement artistiques qu'ils exécutent sur leurs armes et sur les souches dans lesquelles ils sculptent leurs idoles de bois sont une preuve tangible de leur goût pour les arts plastiques.

. . . .

EXTRAITS DE MON JOURNAL

. . . .

3 février 1885. — Je ressens un bizarre intérêt à faire l'inventaire de mes malles et à me remémorer l'origine de tous les objets que je possède. Ces bottes me viennent du pauvre Ingham ; il me les a données un peu avant qu'il ne fût tué. Cette chemise est l'une des quatre que j'ai achetées à un missionnaire malade qui mourut quelques jours après. Je les lui ai échangées contre une queue d'éléphant. Ce pantalon est un cadeau du major Parminter. Le fond en est lamentablement usé. Mon domestique indigène a essayé de le rapiécer, mais il n'a rien trouvé de mieux qu'un morceau de bande pris dans ma trousse chirurgicale. Il l'a cousu avec le côté laineux en dehors !

1er janvier 1886. — Quel soulagement quand le jour reparut. Depuis minuit, un ouragan a fait rage, arrachant presque ma tente et trempant tous mes effets. Puis, lorsque la lourde pluie cessa, on entendit barrir les éléphants dans le voisinage ; les buffles se mirent à mugir dans la plaine et les gens du village commencèrent à souffler dans leurs cors et à battre les tambours pour effrayer les redoutables animaux. Et c'est le premier de l'an !

Revenant à Yambouya, à travers la forêt vierge, après une entrevue avec Tippo Tib, je devançai la caravane. J'arrivai au bord d'un petit cours d'eau sablonneux, d'où certains bruits me révélèrent la présence d'éléphants aux environs. Je remarquai leurs traces partout aux alentours. Sachant qu'il valait mieux ne pas m'aventurer plus loin, je décidai d'attendre le gros de la troupe.

Je m'allongeai au bord de l'eau les bras sous la tête, et les regards perdus dans la voûte épaisse des feuillages. Au bout de quelque temps, je distinguai deux Pygmées, accroupis sur une branche au-dessus de moi. Ils étaient immobiles et la couleur de leur peau s'harmonisait si bien avec l'ambiance qu'ils étaient presque invisibles. Il fut heureux pour moi sans doute que je conservasse assez de présence d'esprit pour leur parler doucement. Mais ils ne firent aucune réponse à mon salut, et, avant même que j'aie pu m'en rendre compte, ils avaient glissé le long de la branche et disparu.

. . . .

A mon retour d'Afrique, je voyageai à bord d'un vapeur portugais. Une douzaine d'heures avant d'arriver à San Thomé, île qui se trouve sous l'Équateur, au large du Gabon, nous aperçûmes une barque chavirée. Le temps avait été mauvais, et de hautes lames couraient encore. On descendit un canot qui se dirigea avec difficulté vers l'épave, et grand fut notre étonnement quand nous découvrîmes deux nègres cramponnés à la quille retournée. Nous les transportâmes à bord, complètement épuisés. Après qu'ils eurent pris quelque nourriture et se furent reposés, nous réussîmes à leur faire conter leur histoire. Tout deux étaient esclaves dans une plantation de cacao. Trois jours auparavant, ils avaient essayé, se confiant à une barque non pontée, de s'échapper de leur cruelle servitude. Ignorant totalement où ils se trouvaient, ils se mirent à ramer, avec la véritable confiance irraisonnée des Africains, dans la direction du soleil levant. Ils furent surpris par la tempête, leur barque se retourna, et ils avaient passé trois jours cramponnés à l'épave, sans avoir pris le moindre aliment.

Il est d'autant plus remarquable qu'ils aient survécu, que l'Océan, dans les parages de San Tomé, est infesté de requins.

Nous éprouvâmes naturellement une grande pitié pour ces naufragés et nous leur fîmes de nombreux présents, parmi lesquels se trouva un couteau pliant.

Au cours de la nuit suivante, une querelle s'éleva entre les deux noirs. Celui qui avait reçu le couteau essayait délibérément de tuer son compagnon et lui avait déjà infligé quelques profondes entailles.

La dispute provenait de leur convoitise. L'un avait reçu une couverture bleue et l'autre une rouge, et celui qui possédait le couteau voulait prendre celle de son compagnon qu'il préférait à la sienne : querelle mortelle pour une question de couleur.

. . . .

On ne possède aucun état complet des décès qui

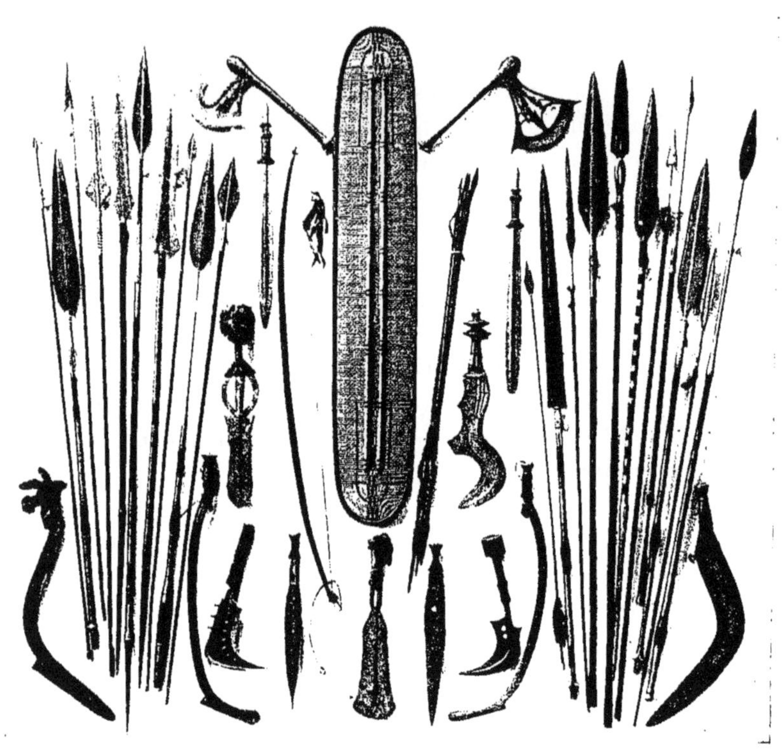

ARMES CONGOLAISES

Collection de l'auteur.

décimèrent les troupes noires de l'expédition Emin-Pacha. Beaucoup de déserteurs furent tués par les indigènes, mais la mortalité parmi ceux qui restèrent fut terrible. Beaucoup d'entre ces hommes, cependant, firent preuve d'un courage véritablement héroïque.

Le porteur zanzibari est un serviteur patient et fidèle qui endurera les plus sévères privations sans autre murmure qu'un regret d'avoir faim : « Nzaa sana bouana! gémit-il en serrant davantage sa ceinture. Il est payé au taux moyen d'un dollar par semaine qu'il touche à son retour à Zanzibar. Ce ne sont pas les mobiles élevés qui le poussent à s'enrôler, et il n'apprécie pas autrement la gloire que peuvent lui valoir ses peines. Sa principale préoccupation est de conserver sa vie et sa seule ambition est de retourner sain et sauf à Zanzibar où il espère jouir d'une brève période de loisir.

Malgré cette conception quelque peu matérielle de l'existence, les porteurs zanzibaris témoignent parfois d'un dévouement et d'une loyauté rares. Ces qualités furent terriblement mises à l'épreuve pendant l'expédition Emin-Pacha et nombreux sont les tournants de la route où les malheureux tombèrent d'épuisement. Ma mémoire a conservé une infinité d'incidents et d'exemples de patience dans la souffrance qui sont incomparablement émouvants.

NOTES

La prévoyance de la nature qui donne aux peuples africains une couleur de peau s'harmonisant si extraordinairement avec l'ambiance qu'elle quelle soit, est un fait remarquable. La peau de l'Africain, si grande que soit la chaleur, est toujours fraîche. Cette peau noire, avec ses larges pores et ses abondantes sécrétions huileuses, est admirablement adaptée à ce climat du Congo qui sera toujours une barrière devant l'effort individuel des Européens. Ceux-ci le supportent pendant des années, mais avec une déperdition constante de forces. Dans cette immense région, peu élévée au-dessus du niveau de la mer et toute couverte de forêts, avec ses chaleurs excessives et le vaste réseau de ses fleuves obstrués, l'homme blanc ne pourra jamais s'acclimater d'une manière durable. Seul le noir y est dans son véritable élément.

La forêt est si imposante, cette grande forêt impénétrable est si mystérieuse qu'on redoute presque d'y entendre le son de sa propre voix. Dans ses profondeurs, presque instinctivement, on parle bas. Élever la voix y semble une profanation.

. . . .

Quel pays d'étrange et fatal enchantement que cette Afrique centrale!

Quel charme indéfinissable vous saisit quand on se fraie un chemin à travers ces étendues qui jamais encore n'ont été visitées par les Européens, quand on voit des visages étranges et qu'on entend des dialectes inconnus! Se trouver seul là où la nature et l'humanité sont ensemble à l'état primitif; être perdu au milieu de peuplades sauvages, de peuplades simples, ignorantes, timides et toujours craignant pour leur vie! Être l'unique figure du monde moderne au milieu d'innombrables milliers d'êtres dont la mentalité est celle de l'humanité primitive! Vivre loin des conventions et des enchevêtrements mesquins de la civilisation; pouvoir se passer de toutes les nécessités artificielles de notre vie domestique moderne; donner libre cours à ce désir puissant et intime de la véritable liberté naturelle, ce sont là quelques-uns des « charmes » qui s'emparent de tous les explorateurs de l'Afrique et qui ont gardé quelques-uns d'entre eux sous leur fascination, jusqu'à leur mort.

. . . .

J'ai fait cette expérience que plus on vit avec les Africains, et plus on s'attache à eux. Les préjugés s'évanouissent bientôt. La peau noire perd même quelque peu de son odieux relent : on s'aperçoit qu'elle recouvre un cœur si vraiment humain! La nature humaine est toujours et partout la même; rien ne la change. Nous savons tous qu'il est certaines qualités inhérentes à tout ce qui possède un cerveau. Ces qualités identiques, que nous partageons avec les Africains, seront assurément mieux comprises qu'elles ne le sont à présent. Une affection réciproque viendra d'une réciproque confiance.

Vivant comme nous le faisons, génération après génération, dans un état d'évolution continue, entourés par tant de choses qui sont compliquées et artificielles dans nos existences, il nous est difficile de comprendre réellement ce que la vie représente pour le sauvage qui existe en harmonie avec une nature sans entraves.

C'est un axiome familier de dire que « la nature inculte n'a pas de principes ». On est souvent trop prompt à juger les sauvages congolais comme des êtres incultes, dégradés, sans conscience et même sans scrupules. Ils nous apparaissent peut-être ainsi, car ils n'ont aucun sentiment de pitié ou de charité. Mais un commerce constant avec les types, même les plus bas, prouve qu'ils sont doués d'une conscience instinctive. Ils sont naturellement cruels, ils se volent entre eux, se massacrent et mangent le corps de leur semblable, mais il ne faut pas oublier qu'en commettant ces actes, ils n'ont aucune conscience de faire mal. Un sauvage du Congo fait rarement ce qu'il sent instinctivement être mal.

. . . .

Devant le développement des tendances modernes au socialisme et à l'égalité des classes, bien des considérations instinctives découleront des conditions existantes de la vie du sauvage congolais. Dans l'Afrique centrale, nous avons sous les yeux une véri-

BOUCLIERS, COSTUMES ET OUTILS

Collection de l'auteur.

table leçon de choses, nous montrant les résultats ultimes de la vie dans des conditions d'égalité absolue. Il semblerait que l'égalité sociale que conserve l'humanité primitive soit maintenant le but des communautés le plus hautement civilisées. L'égalité sociale est, dans l'histoire, la première et la dernière ambition de l'humanité.

Dans l'Afrique centrale, l'esprit d'entreprise est restreint sinon annihilé par la crainte d'exciter l'envie ou la cupidité du prochain. Par exemple : celui qui construit une case mieux aménagée que celle de son voisin, la voit aussitôt démolir. Quelqu'un qui s'efforce d'amasser des richesses encourt l'inimitié de tous ceux qui l'entourent et s'expose à une mort prématurée. L'ambition d'exceller, qui est un attribut si essentiel de la nature humaine, ne reçoit aucun encouragement. Avec ces mœurs, coïncide, chez la population, un état d'anarchie et d'ignorance; chaque peuplade vit sans institutions, sans histoire et même sans habitations définitivement établies. Il leur manque même le besoin de se perfectionner, de conquérir, et ils se contentent de passer leur vie dans un état d'atrophie mentale complet et sans progression possible.

. . . .

On pourrait écrire bien des pages sur les ennuis journaliers qui assaillent l'existence de l'Européen dans l'Afrique centrale. Le jour, on est exposé à l'ardeur torride du soleil; la nuit, aux brouillards froids, et l'alimentation, si maigre, qu'on ne saurait l'appeler monotone, débilite les plus solides constitutions. L'esprit aussi subit une tension continuelle, car il faut, sans un instant de répit, diriger, surveiller et épier ceux qui vous entourent. Souvent une sensation d'abandon absolu vous écrase, le sentiment d'être inaccessiblement éloigné de tout est atroce parfois : les yeux se lassent de la couleur monotone des choses; les puanteurs écœurantes des végétaux en décomposition et l'âcre relent des corps nègres sont à la longue insupportables et l'ouïe est excédée des incessantes criailleries des voix nègres.

Dans cette contrée, les moustiques sont le jour aussi agressifs que la nuit. Ils sont une source de continuelle irritation pour les nerfs, sans parler de leurs piqûres empoisonnées et des inflammations ulcéreuses qui s'ensuivent fréquemment.

Le sommeil est troublé grandement par les invisibles « midges », de mauvais petits insectes qui, entre deux et trois heures du matin, festoient sur votre corps.

Sur la côte, à Cabinda, on m'a montré la coque pourrie d'un schooner qui, raconte-t-on, fut la cause de l'introduction des « jiggers » (1) en Afrique. Ce voilier, qui revenait des Antilles, déchargea sur la plage son ballast qui contenait une grande quantité de puces, et, de là, elles envahirent l'intérieur de l'Afrique, transportées par les porteurs indigènes.

Il est à remarquer, du reste, qu'on ne rencontre pas

(1) Sorte de puce dont la morsure est cruelle et empoisonne le sang à la longue.

de « jiggers » en dehors des sentiers que suivent les caravanes.

. . . .

Dans ce pays où il n'y a pas de monnaie, bien qu'on puisse y éprouver les sensations les plus diverses, on n'a jamais l'impression d'être pauvre.

. . . .

Le caoutchouc, qui est devenu le principal objet d'exportation du Congo, n'était employé jadis par les indigènes que pour garnir l'extrémité des baguettes de leurs tambours. Il serait intéressant de savoir ce qu'ils pensent de l'extraordinaire convoitise des Européens pour cette denrée. Ils doivent s'imaginer que la fabrication des baguettes de tambour a pris des proportions vraiment colossales pour exiger de pareilles quantités de caoutchouc...

. . . .

Bien qu'un cuisinier soit toujours un membre très important dans la suite d'un voyageur, il n'en faut pas conclure que les provisions soient si variées et si abondantes qu'elles réclament une habileté culinaire d'ordre particulièrement élevé.

La principale qualité d'un cuisinier dépend des ressources de son esprit. La manière dont les aliments sont cuits n'offre guère d'intérêt là-bas. Le véritable problème, c'est de trouver quelque chose à cuire...

. . . .

HISTOIRES DE BLANCS

Au début, entre la découverte par Stanley du cours du Congo et la formation de l'État indépendant, des individus de nationalités diverses, ayant signé à Bruxelles des contrats de trois ans, arrivèrent sur les lieux, et allaient à tour de rôle à l'intérieur, avec mission de conclure des traités avec les indigènes et de s'établir sur place le mieux possible.

Ces circonstances fournissaient au drame quotidien de la vie un mélange de choses poignantes et d'un peu d'humour, souvent des incidents tragiques et toujours une somme plus ou moins grande de souffrances.

Sur un Suédois nouveau venu, les indigènes racontaient de mystérieuses histoires. C'était un homme aux yeux bleus, avec une physionomie bienveillante, une voix douce et un cœur tendre. Il était depuis peu de temps en Afrique, mais il devenait de jour en jour plus visible que sa santé s'altérait et qu'il dépérissait.

Les noirs assuraient que la nuit, quand tout était tranquille, notre collègue scandinave avait coutume de se glisser à travers les broussailles, et qu'il disparaissait dans un trou qu'il avait creusé. Le mystère fut bientôt éclairci.

— Je crois, dit-il, de mon devoir de vous informer de la découverte que j'ai faite tout seul. J'ai trouvé de l'or. J'en ai des sacs pleins, là-bas, dans ma case. Pour ce qui me concerne personnellement, ma fortune est assurée à présent. Et je crois que le moment est venu de faire connaître ma trouvaille. Je vais vous montrer ma mine.

Tremblant de surexcitation, il nous conduisit.

L'incident prit alors une tournure tragique. En apprenant que ce qu'il avait supposé être de l'or n'était que du mica, qui ressemble un peu au précieux métal, le choc qu'il en ressentit fut trop violent pour son cerveau surmené.

L'excavation cessa d'être une mine. Bientôt, ce ne fut plus qu'un petit monticule de terre surmonté d'une croix grossièrement taillée. Notre pauvre ami avait creusé sa propre tombe.

. . . .

L'un des premiers noms qu'il m'est agréable de mentionner parmi ceux des pionniers européens qui pénétrèrent au Congo, est celui de Roger Casement. Imaginez-vous un homme de trente-cinq ans, de haute taille et de belle prestance; maigre, tout en muscles, une face tannée par le soleil, des yeux bleus et des cheveux noirs bouclés. C'est un pur Irlandais, avec des intonations de voix captivantes et un charme singulier de manières, un homme d'une grande distinction, d'un grand raffinement, aux idées élevées, plein de courtoisie, impulsif et bon, et d'un désintéressement tel que personne ne peut dire qu'il se soit préoccupé jamais de son avancement personnel.

On connaît les rapports du consul Casement qui constituent la base officielle des accusations d'abus de pouvoir portées contre l'État indépendant du Congo. Les effets de ces rapports se sont répercutés fort loin; c'est à l'un d'eux qu'est dû, en grande partie, les changements récents par lesquels la nation belge a pris à sa charge l'administration du Congo.

. . . .

Le charpentier X... était un personnage populaire. Il rendait d'importants services et le confort relatif dont jouissaient le gouverneur et son personnel était dû à son habileté professionnelle. Il construisait leurs habitations, leur mobilier et toutes sortes d'ustensiles utiles.

Pendant les trois années de son engagement, il travailla consciencieusement. Dans sa conversation le jour, et dans ses rêves la nuit, il était sans cesse question de son foyer et de sa famille, et la perspective du retour lui donnait du courage à la besogne.

Quand son temps fut achevé, il consentit à contre-cœur, et pour ne pas désobliger le gouverneur, à prolonger de trois semaines son séjour, afin d'achever un travail en cours d'exécution. Il fut convenu qu'il prendrait un vapeur qui ferait escale après celui qui devait régulièrement l'emmener.

Debout sur le wharf, il vit la chaloupe qui aurait dû l'emporter prendre le large et descendre le fleuve pour rejoindre à l'océan le grand vapeur.

Et sans doute le cœur du pauvre homme était-il parti avec la frêle embarcation, car le charpentier mourut avant le passage du prochain bateau.

En arrivant, las et les pieds malades, dans un village indigène où il désirait camper la nuit, un voyageur s'entendit inviter à continuer sa route.

— Nous avons un fou dangereusement furieux, dirent les gens du village. Si tu restes ici, il viendra sûrement te tuer dans la nuit.

En dépit de cet avertissement, le voyageur décida de rester. Quelques heures plus tard, il fut éveillé par un tumulte. Tout le village prenait la fuite devant le fou qui survenait, et qui passa tranquillement le reste de la nuit en conversation amicale avec le voyageur.

. . . .

Dans les premiers temps où les Européens s'aventurèrent dans l'intérieur, les naturels s'imaginaient que les bottes des blancs faisaient partie d'eux-mêmes, et la légende se répandit que les hommes blancs avaient des pieds palmés.

. . . .

Le capitaine Bailey, excellent chasseur, était l'un des compagnons les plus charmants et d'humeur la plus égale que j'aie jamais connus. Il méritait en tous points une entière confiance. En une seule occasion, un semblant de mauvaise humeur parut menacer l'harmonie de notre parfaite amitié. C'était sur les bords de la Louima où nous avions campé sous une même tente.

Nous avions décidé de faire une expédition de chasse, et au lever du jour nous partîmes, le capitaine suivant la rive gauche et moi la rive droite.

J'eus la chance de trouver un troupeau de buffles qui broutaient paisiblement dans une plaine et la chance continua à me favoriser en me permettant d'abattre le plus beau mâle du troupeau. La chaleur commençait à être accablante et je me retirai à l'ombre d'un bouquet d'arbres où je fis une sieste très agréable.

Plus tard, en cheminant vers le camp, et souffrant un peu de la soif, je rencontrai un indigène qui portait une grande calebasse contenant à n'en point douter du vin de palme.

— Qu'as-tu, dans ta calebasse?

— De l'eau seulement.

— De l'eau, c'est justement ce qu'il me faut. Donne-m'en!

Et je me régalai de longues gorgées de liquide frais et savoureux.

Un peu plus loin, je traversai un village où les femmes préparaient le repas du soir. Les habitants se montrèrent hospitaliers et m'offrirent un dîner succulent composé de maïs et de pistaches rôties. Arrivant au camp vers le coucher du soleil, je pris un bain, changeai de vêtements et, assis devant le feu, je me mis à fumer tranquillement ma bonne vieille pipe.

Soudain, le ciel se couvrit et l'obscurité vint. Au lointain, des grondements de mauvais présage annonçaient l'approche d'un orage tropical.

Pendant la demi-heure qui suivit, la pluie tomba à torrents et la température tomba de plusieurs degrés.

Comme la tempête se calmait, le capitaine apparut. Il n'avait pas son enjouement habituel; il paraissait maussade, vexé, furieux, et ne me répondit que par monosyllabes.

NGOMBE

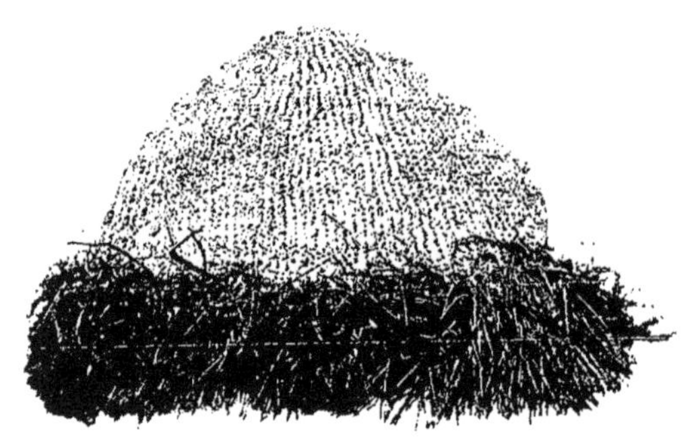

ARUIMI

ARUIMI

CHAPEAUX

Collection de l'auteur.

Toute la journée, sous un soleil torride, il avait parcouru une contrée fort accidentée et couverte de roches, sans avoir aperçu la moindre trace de gibier. Dans une chute qu'il fit, il avait cassé sa pipe d'écume, déchiré son unique culotte de cheval, il s'était meurtri les genoux, il avait été surpris par l'orage et trempé jusqu'aux os, il s'était enfin égaré, et depuis le matin il n'avait pas pris la moindre nourriture.

Le lendemain, cependant, il avait retrouvé son ton enjoué, et la différence de nos aventures de la veille ne lui offrait plus aucun motif de ressentiment.

. . . .

Un vieux savant qui se rendait dans l'intérieur fut accidentellement précipité dans l'eau en traversant une petite rivière sur les épaules d'un indigène. Entraîné sur une certaine distance par le courant, le pauvre vieux se cramponna à une roche, en criant pitoyablement :

— Qu'est-ce que je vais devenir! Oh! qu'est-ce que je vais devenir?

— Eh! bien, sortez de là, espèce de vieil imbécile, et venez vous sécher, lui conseilla son pratique compagnon qui, assis sur l'autre rive, fumait placidement sa pipe.

. . . .

Un jeune Suédois, de service au Congo, fut rapatrié pour cause de maladie. Après l'avoir examiné, les médecins lui dirent qu'il était en piteux état et qu'il ne lui restait guère plus de six mois à vivre. Loin de se décourager, notre ami décida de se donner le plus de plaisir possible pendant ce temps avec les ressources dont il disposait.

Au bout de six mois, cependant, sa santé était complètement rétablie. Il avait dépensé tout ce qu'il possédait et, comme il le disait lui-même, en racontant son histoire : « Je n'avais même plus ma montre... »

. . . .

J'ai connu aussi un ingénieur finlandais, doué d'une humeur toujours joyeuse. Une de ses caractéristiques était sa peau huileuse. On eût dit qu'il s'imprégnait de la graisse dont il se servait pour ses machines. Quand son temps de service au Congo fut achevé, il partit pour l'Europe dans les dispositions les plus joyeuses. Nous ne fûmes pas longtemps cependant à le voir revenir parmi nous. En arrivant à Bruxelles, au milieu de l'hiver, pour recevoir sa paie, il avait écrit dans son pays pour qu'on lui expédiât sa pelisse, et, en attendant le colis, il dépensa tout ce qu'il avait touché. Quand la pelisse arriva, elle ne lui fut plus guère utile. Sans argent, il ne pouvait regagner son pays, et c'est ainsi qu'il repartit pour le Congo.

. . . .

Jadis, aux premiers temps de l'exploitation du Congo, on expédiait de Bruxelles les provisions destinées aux Européens. Les bouteilles de vinaigre ou de cognac étaient hermétiquement soudées dans des boîtes de fer blanc, mais le thé, le sucre et autres denrées périssables étaient fréquemment envoyées dans des sacs de papier.

Plus tard les vivres nous furent expédiés par la

maison Crosse and Blackwell que les Belges appelaient « Black and Cross very well ».

. . . .

Pendant une marche vers l'intérieur, cinq ou six officiers suédois, récemment débarqués en Afrique, tombèrent soudain malades tous ensemble. Il sembla d'abord qu'ils fussent tous atteints d'un empoisonnement par les ptomaïnes. Mais la boîte contenant la nourriture suspecte qu'ils avaient consommée sous forme de soupe avait conservé son étiquette fort lisible :

« Lard anglais, qualité extra. »

. . . .

Le chirurgien major Parke possédait à un haut degré cette irrésistible bonne humeur irlandaise qui était sienne par droit de naissance. Il se trouvait au cœur de l'Afrique, dangereusement malade d'un accès de fièvre; loin de s'en montrer abattu, il fit soudain, sur un ton inimitable, cette remarque :

— Eh bien, si je meurs, j'aurai au moins cette consolation d'être le premier Irlandais qui soit venu laisser sa peau dans ce bienheureux pays.

. . . .

Le pauvre Glave, l'un des premiers pionniers du Congo dont on pouvait espérer le plus, racontait qu'il refusait un jour d'acheter à des indigènes du poisson à demi pourri, sous le prétexte qu'il sentait mauvais.

— C'est vrai, convinrent les noirs, mais vous ne mangez pas l'odeur.

. . . .

Le capitaine Deane manifesta, pendant que nous étions ensemble, un vif désir d'apprendre l'anglais. Je m'efforçai donc de lui enseigner un vocabulaire aussi utile que possible. Mais il n'avait d'autre préoccupation que la chasse à l'éléphant et il se contenta de retenir la phrase avec laquelle il pouvait demander : « Où sont-ils? »

. . . .

A bord du navire qui m'emmenait au Congo, mes compagnons étaient pour la plupart des négociants de l'Afrique occidentale. Ils formaient une bande à part et se montraient fort pointilleux sur l'observation de l'étiquette en vigueur sur les côtes de l'ouest; ils prenaient aussi un soin méticuleux de la propreté de leurs costumes blancs.

Quand nous arrivâmes à Bonny, le navire eut la visite d'un personnage notable, Marie-Anne, la blanchisseuse de Bonny. Elle était d'un type pur nègre de l'Afrique occidentale. Sa figure s'illuminait d'un perpétuel sourire; son corps, rond et plein, témoignait d'une excellente santé.

Elle était fort connue. Tandis qu'elle devenait le point de mire des brocards de mes compagnons et de tout l'équipage, ses aides s'occupaient à rassembler tout le linge sale des passagers.

Comme il semblait peu probable que je pusse obtenir les services de Marie-Anne, j'acceptai les offres d'un grand nègre à l'air sérieux qui promit de me rapporter le soir même mon linge blanchi.

Ne connaissant rien de la ville et de ses habitants,

BOPOTO

Photographie de l'auteur.

je projetai de passer la journée à vagabonder dans un des faubourgs, où un large sentier passait à travers des marais. Pataugeant dans l'eau, où j'enfonçais parfois jusqu'aux aisselles, je parvins à la berge opposée, où un bruit de chansons et de rires me salua. J'éprouvais depuis un moment un certain sentiment de solitude, aussi trouvais-je un certain plaisir à écouter des voix joyeuses.

Franchissant une barrière, je me trouvai au milieu de l'établissement de Marie-Anne. Là une trentaine de jeunes négresses rieuses étaient occupées à laver les vêtements ramassés sur le navire; et elles employaient, pour leur rendre leur propreté, des mesures énergiques, les frappant sur les pierres et les mettant généralement en pièces.

Je fus accueilli aimablement, et, quand quelqu'un se plaignit de la chaleur du jour, je saisis l'allusion et j'offris à la compagnie de se rafraîchir à mes frais.

Cette idée fut reçue avec l'approbation générale. Tout le reste de l'après-midi, je fus régalé de bonne humeur et de joie et j'assistai à quelques danses locales d'un caractère quelque peu libre selon qu'on pouvait s'y attendre de la part de personnes que ne gênaient guère des conventions de décence. Quand le jour baissa, je dis adieu à mes jeunes amies, et, les poches vides, je me dirigeai vers le navire où, à l'heure du dîner, je me trouvai seul à table. Les autres passagers et les officiers du bord étaient encore à terre, où les traitaient divers commerçants de l'endroit. En rentrant, je trouvai mon linge et mes vêtements blanchis que le nègre m'avait ponctuellement rapportés.

De bonne heure, le lendemain matin, l'ancre fut levée et, au moment où le navire virait de bord, j'aperçus le steward-chef engagé dans une discussion animée avec le capitaine. Par quelques mots qui parvinrent à mes oreilles, je compris que Marie-Anne n'avait pas encore rapporté le blanchissage.

Le mécontentement et la colère s'accrurent quand les passagers montèrent sur le pont et furent mis au courant de l'affaire. Mais le capitaine resta sourd à tous les arguments et ne voulut écouter aucune plainte; rien ne lui ferait différer le départ du navire. Lentement nous dérivions avec le reflux et nous passâmes bientôt devant une éclaircie de la forêt de palmiers. Là, groupées au bord de la berge, nous reconnûmes Marie-Anne et ses noires lavandières qui nous lançaient de joyeux au revoir, balançant au-dessus de leur tête les vêtements qui auraient dû être à bord depuis longtemps.

. . . .

X... était un singulier personnage. Nous le connaissions comme un risque-tout, un cœur léger, aimant l'action, ne prenant guère ses fonctions au sérieux et s'efforçant de tirer de l'existence tout ce qu'elle pouvait donner de plaisir et de divertissements.

Il était seul dans son poste, situé fort loin de la base de ses subsistances et à une grande distance aussi de la route habituelle des caravanes. Trouvant que les mois s'écoulaient lentement il éprouva un désir irrésistible de se trouver en compagnie d'autres blancs, ses semblables. Mais pas un d'eux ne passait dans le voisinage.

Un jour, au quartier général, on reçut un message spécial de notre ami, qui demandait des renforts immédiats. Il exposait qu'il courait le risque imminent d'être attaqué par les indigènes. Immédiatement, une expédition fut envoyée à son secours. Partie du quartier général, l'expédition que commandaient trois blancs étaient naturellement pourvue en abondance de toutes sortes de provisions.

En arrivant à destination, ils furent reçues par X... à la porte de son poste fortifié. Il les informa qu'on pouvait à tout moment s'attendre à une attaque, et comme preuve de l'état d'agitation du pays, il appela l'attention des blancs sur les lointains roulements des tambours de guerre.

La troupe prit ses quartiers, posta des sentinelles et attendit les événements.

Plusieurs jours se passèrent sans incident, sauf que le jour, on entendit par intermittences le bruit des tambours et la nuit on voyait des feux sur le haut des collines environnantes.

Entre temps, X... goûtait fort la distraction relative qu'offrait la présence de l'expédition de secours et en même temps qu'il profitait du nouveau stock de provisions qu'elle avait apporté.

Le cinquième jour, alors que les vivres de la troupe commençaient à s'épuiser, le poste reçut la visite de deux principaux chefs indigènes avec leur suite. Étant le seul qui eût une connaissance suffisante du dialecte local, X... harangua les noirs sur un ton fort dramatique, et il expliqua au commandant de l'expédition de secours que les chefs apportaient leur soumission et qu'à présent tout danger était écarté. Avec des adieux pleins d'effusion, les chefs se retirèrent.

Le lendemain l'expédition reprit le chemin du quartier, laissant derrière elle le reste de ses subsistances.

On a prétendu que X... avait arrangé d'avance toute cette histoire. C'est possible; en tout cas, je puis assurer que notre ami prit tout le plaisir possible à cet intermède dans la vie monotone de son poste.

. . . .

Au début de la colonisation du Congo, plusieurs Européens venus de différentes parties de la contrée s'étaient réunis au petit poste de Loulongou. Ils étaient au nombre de huit et ils représentaient cinq nationalités différentes.

Quelques jours auparavant, un stock de provisions était arrivé, et, entre autres choses, plusieurs dames-jeannes de vin rouge portugais. Le dîner se prolongea fort tard; les langues se délièrent et les cerveaux s'échauffèrent. Vers minuit, la fête battait son plein; des cris et des chants bachiques retentissaient. C'était à la saison des pluies; la nuit était chaude et lourde et faisait présager un orage.

Pendant une accalmie, on entendit, chantés, au bas dans la vallée, par les enfants de la mission, les versets d'un hymne familier :

Quonso wouna ousatou a mbikoulou
Ouonso ounso bika keza...

FÉTICHE DU BAS CONGO

Chaque clou qui y est enfoncé, chaque objet qui y est suspendu, représente un vœu sacré et inviolable.

(Collection de l'auteur.)

Pour quiconque le veut c'est la vie éternelle
Quiconque le veut, peut venir.

. . . .

E.-J. Glave fut un de mes amis intimes au Congo. D'un caractère fort, il était humain et brave. C'était un homme sans détours, au sens où les vrais hommes comprennent cette expression. Il possédait à un degré rare l'art de la mimique bouffonne et son oreille retenait tous les airs de musique qu'il entendait.

Il avait tout juste vingt ans quand je le rencontrai en Afrique. Il apprit très rapidement le dialecte congolais, et il avait un sens si remarquable des sons qu'il était difficile de distinguer sa voix de celle des naturels. Cette qualité, unie à des gestes appropriés et à une sympathie naturelle pour les Africains, l'avaient rendu extraordinairement populaire auprès des indigènes.

Toujours d'excellente humeur c'était une véritable joie d'être en sa compagnie. Il chantait bien, et particulièrement les mélodies nègres, s'accompagnant sur un vieux banjo usé, dont il avait remplacé lui-même le parchemin et les cordes. L'esprit d'aventure était très vif en lui et on le voyait perpétuellement en mouvement. Particulièrement expérimenté dans la chasse au gros gibier, plus d'une fois son sang-froid lui permit de sauver sa vie devant un buffle qui le chargeait.

Nous étions à peu près du même âge et nous partagions les mêmes opinions sympathiques envers les naturels. Un autre trait commun qui nous liait était notre mutuel amour de l'aventure. Ni l'un ni l'autre nous n'étions poussés par le désir des richesses ni de la gloire. Entièrement indifférents à l'avenir, nous jouissions de toutes les minutes du moment présent.

Après avoir servi six ans au Congo, en deux périodes, Glave retourna en Angleterre en 1889.

Désapprouvant les méthodes de l'administration belge, il porta son attention vers d'autres champs d'aventures. Il partit pour l'Alaska et je ne crois pas être démenti en disant que son nom survivra entre ceux des pionniers de Yukon.

L'attrait de l'Afrique, cependant, tenait son cœur. Les glaces et la neige, et la recherche de l'or, n'étaient pas du goût de Glave. De retour en Afrique, en 1893, il entra par l'est dans le continent noir. Sans autres compagnons qu'une petite troupe d'indigènes, il pénétra dans les régions peu connues du lac Bangouélo et visita l'endroit où était mort Livinsgtone. Pendant ce voyage, il endura maintes privations et il fut le témoin oculaire des nombreuses horreurs des caravanes d'esclaves.

Ayant terminé sa traversée de l'Afrique, et ses effets déjà transportés à bord du paquebot qui devait le rapatrier, Glave, frappé par la fièvre, mourut à la veille du départ.

C'était un homme de cœur qui disparut entouré d'hommes de cœur, au poste de la mission de Toundouwa.

. . . .

On n'arrive jamais mieux à se connaître réciproquement qu'en faisant campagne ensemble dans les profondeurs d'un pays barbare. Dans ces circonstances les véritables dispositions d'un camarade deviennent bientôt apparentes. Le courage ou les tendances à la poltronnerie se trahissent bien vite. La vie, pendant une période incertaine, à l'état de demi-inanition et de constante fatigue, met de la façon la plus rapide et la plus sûre, le courage d'un homme à l'épreuve.

Quand, en plus des privations physiques, nous considérons l'influence d'un climat malsain qui affecte tout l'organisme, qui épuise la carcasse par des fièvres brûlantes et la dysenterie débilitante, qui chasse tout sommeil et emplit l'esprit de pensées morbides, qui engendre des accès de colère violente et passionnée, il est facile de comprendre que l'homme ne peut porter un masque ni jouer un rôle artificiel : chacun est contraint de révéler ses qualités latentes ou ses défauts.

La période des épreuves et des souffrances prend fin avec le retour en Europe. Tous les mauvais souvenirs s'effacent, le paysage se modifie; ce qui était infect, sombre et malsain devient frais et agréable. C'est un complet passage de l'état de misère physique à celui de jouissance cérébrale. Les contours puissants de ces expériences d'autrefois se gravent plus profondément encore quand la mort nous enlève ceux avec qui nous avons partagé le passé.

. . . .

Comme exemple de l'extraordinaire fascination que la vie africaine, avec toutes ses aventures, exerce sur l'esprit de ceux qui l'ont une fois goûtée, je puis citer les paroles du docteur Kuyper. Après avoir passé vingt ans sur la côte d'Afrique, le docteur s'embarqua pour l'Europe. Arrivé à San Thomé, la petite île située au large du Gabon, sous l'Équateur, il s'écria :

— Je voudrais m'en retourner. J'en ai assez de l'Europe!...

. . . .

Les pionniers du Congo représentaient des nationalités européennes très différentes. Les indigènes qui se rassemblaient en groupes au passage des caravanes pour voir les hommes blancs contemplaient étonnés les septentrionaux blonds et les méridionaux basanés.

Ils formaient un lot extraordinaire, ces jeunes soi-disant explorateurs de toutes nations. Quelques-uns, comme je l'appris par la suite, étaient venus en Afrique, pour échapper à leurs créanciers ou aux conséquences de quelque méfait.

Les étranges épisodes, les pittoresques romans ou les louches transactions de leur existence passée n'étaient connus que d'eux seuls, et, par une sorte d'entente tacite, on ne posait jamais aucune question personnelle.

Dans ces premiers temps, ces précurseurs de la civilisation, si on peut ainsi les appeler, s'aventuraient pleins d'enthousiasme et de hautes ambitions, dans le continent noir. Plus tard, on voyait des barons allemands d'antique lignée, des nobles italiens, et des officiers autrichiens élégants et distingués, construire eux-mêmes des huttes de terre et planter du maïs pour leur nourriture.

C'était toujours la même histoire : chacun, sur son

calendrier effaçait les jours avec un soin scrupuleux, et la conversation entre hommes de toutes nationalités, avait un unique sujet : le départ de l'Afrique et le retour aux conforts de la civilisation.

A mesure que les lentes semaines s'écoulaient, beaucoup tombaient malades et mouraient, proie facile pour les privations et la fièvre. Quelques-uns, les plus résistants, survivaient assez longtemps pour leur service et s'embarquer pour l'Europe. Mais ils partaient généralement avec la santé irrémédiablement délabrée.

Entre temps, d'autres chargements d'aventuriers arrivaient en une perpétuelle immigration. La plupart de ces hommes étaient dans la force de l'âge et physiquement aptes aux plus durs travaux.

Mais, bien peu vraiment de ces premiers émigrants sont vivants à l'heure actuelle. Des quelques centaines d'hommes avec qui je fus, je doute fort qu'il reste à présent une douzaine de survivants.

C'est le triste côté de l'affaire. Les pensées se tournent naturellement vers leurs familles restées en Europe. On pense aux parents affectueux qui essayaient de se représenter la vie romanesque au cœur de l'Afrique, le puissant fleuve du Congo, les sauvages majestueux et pittoresques, les palmiers gracieux et les végétations luxuriantes illuminées par un glorieux soleil tropical. Dans combien de foyers existe-t-il encore un paquet précieux de lettres, aux enveloppes marquées : « Afrique centrale, affranchissement impossible », des lettres écrites avec une encre diluée et pâle, composées de feuilles de papier aux formats divers, tachées et illisibles, et fourmillant d'étranges noms de localités indigènes qu'on ne trouve pas sur les cartes, avec des phrases déconcertantes et des allusions incohérentes à des personnes et à des événements inconnus; des pages entières écrites dans un esprit d'attente patiente et avec l'espoir confiant du retour auprès des siens.

J'évoque tout cela... les simples sépultures de mes anciens compagnons, ces monticules familiers, recouverts de grandes herbes dures et de ronces... et nul ne sait qui repose dans ces tombes.

L'un des plus agréables souvenirs de ma vie en Afrique me vient de la bonté des missionnaires. Insouciant et incrédule, je fus dès l'abord touché par leur hospitalité spontanée : le pot de confiture et la caisse de biscuits — luxe rare — étaient doublement agréables, mangés en leur société, dans l'atmosphère saine et reposante de leurs demeures. Plus tard, quand la maturité m'eut donné son sérieux, je considérais les missionnaires à un autre point de vue. Je les compris mieux et je ressentis un sentiment croissant de respect pour ces hommes qui consacrent leur existence aux Africains. C'étaient, tous, des hommes de cœur, pleins de douceur et de bonté et toujours prêts à se sacrifier pour les autres. Leur influence s'exerçait pour le bien.

Ce bref tribut à la mémoire de tels hommes semble absolument insuffisant et gauchement exprimé; puisse sa sincérité être à la hauteur de ma gratitude et de mon respect!

CARACTÉRISTIQUES DU CONGO

L'Afrique centrale peut être considérée comme un vaste plateau, avec une légère dépression au centre. A des périodes plus où moins lointaines, les trois grands bassins fluviaux représentés par le Nil, le Congo et le Zambèse, ont, par le creusement naturel et continu du lit des fleuves, drainé cette région qui était jadis un immense lac.

On trouve mention de cette mer intérieure dans Hérodote, dès l'an 500 avant Jésus-Christ.

L'embouchure du Congo fut découverte en 1485 par Diego Cam, navigateur portugais qui cherchait une route maritime pour se rendre aux Indes. Mais jusqu'en 1887 on ne savait rien du cours de ce puissant fleuve, la série de cataractes formidables qui commence à une centaine de milles de son embouchure ayant formé un obstacle insurmontable à son exploration.

Au cours de ces derniers soixante ans, les grands problèmes qu'offrait l'Afrique ont déplacé la question. Les problèmes géographiques qui excitaient la curiosité des générations précédentes sont résolus, et les problèmes nouveaux portent sur le développement et la régénération des indigènes.

Dans cette vaste contrée, couverte d'une population dense, il existe une extrême diversité dans les mœurs des tribus indigènes, selon qu'elles habitent des localités différentes; mais on est particulièrement frappé par les dissemblances que présentent les habitants de la région du bas Congo, comparés aux habitants des forêts de l'intérieur.

A l'heure actuelle, il est encore difficile d'expliquer ces variations de caractère, à cause de l'absence absolue de documents historiques; mais comme le fait est admis que ces populations ne sont pas aborigènes, on peut attribuer ces différences de nature au mélange de races, combiné aux phénomènes d'adaptation au milieu.

Au point de vue type, les habitants indigènes de la région du Congo sont alliés de très près avec la race nègre. Leurs traits distinctifs, cependant, consistent en une peau au ton chaud, en des mains et des pieds petits, bien proportionnés, encore qu'un peu plats, et les traits communs sont l'arcade sourcilière proéminente, le nez large et aplati, les lèvres épaisses, les yeux petits, les bras longs et les jambes arquées, toutes caractéristiques plus ou moins prononcées et dans certains cas à peine apparentes.

La chevelure de l'homme semble être plus abondante que celle de la femme, et il est fort rare de voir de la barbe sur la face des indigènes congolais. Leurs yeux sont généralement injectés de sang, particularité qui est probablement due à ce qu'ils dorment dans des huttes enfumées.

Les tribus du bassin du Congo n'enregistrent leur

POIRE A POUDRE
Bas Congo.

OREILLER
Manyema.

IDOLE
Manyema.

Collection de l'auteur.

histoire sous aucune forme. Il n'existe aucune langue écrite, aucune tradition; rien n'indique la moindre tentative de perpétuer un événement quelconque de leur existence par l'édification de quelques monuments de terre ou de pierre. Devant ces insurmontables difficultés, le langage est le seul guide sur lequel nous puissions compter pour déterminer les affinités de race. Les dialectes du Congo ont presque tous la même structure grammaticale, et l'un de leurs traits les plus remarquables est l'accord par allitération. Nous constatons ainsi que les diverses tribus du Congo sont pour la plupart alliées au grand groupe bantou, la plus importante de toutes les divisions africaines.

La région du bas Congo, et plus particulièrement celle des cataractes, est formée de chaînes de collines basses, de savanes et de fertiles vallées; le territoire forestier se limite aux ravins comblés par les dépôts d'alluvions. Les saisons y sont bien définies et les pluies abondantes.

En certains endroits du bas Congo les perspectives de forêt vierge sont d'une extrême beauté et réalisent, dans toute sa grandeur, le tableau idéal de la forêt tropicale.

Les indigènes résident en de petits villages qu'aucune enceinte ne protège et qui sont situés sur la crête des collines. Les villages, nominalement gouvernés par des chefs, contiennent rarement plus de cinq cents habitants ; mais comme en certaines contrées les collines sont couvertes de cases, la population est considérable.

La plupart des indigènes de ces tribus vivent à l'état de servitude, provenant principalement de ce qu'ils contractent les uns envers les autres des dettes qu'ils paient de leur liberté. Ils sont d'un caractère doux et inoffensif. Le cannibalisme est inconnu chez les habitants du bas Congo. L'instinct du commerce y est largement développé et s'exerce par l'échange des produits du sol et d'objets domestiques dans les marchés locaux.

Dans cette région, les tribus ne sont pas belliqueuses et leur caractéristique la plus frappante est la superstition. Les indigènes ont l'esprit dominé par les sorciers qui s'arrogent un pouvoir presque illimité sur les personnes et sur leurs biens. Ces sorciers sont invariablement des individus rusés et intelligents. Ils exercent une autorité suprême pour le règlement de tous les litiges locaux. La superstition est un élément prépondérant dans le tempérament de l'Africain, et les naturels de la région du bas Congo sont entièrement adonnés au fétichisme sous toutes ses formes. L'objet de leurs préoccupations est d'apaiser et de rendre propice le Mauvais Esprit.

L'indigène ne désire pas améliorer sa condition. La crainte constante d'exciter la cupidité des sorciers l'asservit et le paralyse. Il n'a d'impulsions féroces et ne manifeste d'instincts de cruauté que lorsque ses passions fanatiques sont soulevées. Il est attaché à son village, à ses plantations, à ses marchés. Cet attachement et l'amour de ce qu'il possède le détournent de risquer sa vie et ses biens en faisant la guerre à ses voisins. Il se contente d'une vie pastorale dans une contrée belle et fertile. Exempt de l'inquiétude du lendemain et n'ayant pas l'ambition de la conquête, une existense oisive le satisfait.

En remontant le Congo de six cents milles vers l'intérieur, la contrée se transforme en une immense forêt marécageuse. Dans ces régions, qui s'étendent des chutes du bas Congo jusqu'à Stanley-Falls, le sol n'est guère élevé de plus de quelques pieds au-dessus du niveau du fleuve. A travers ces marais de la forêt vierge, coule le Congo, large parfois de plusieurs milles, avec des bancs de sable et des bas-fonds et d'innombrables îlots couverts d'arbres.

La nature s'étale ici dans son aspect le plus sauvage; sous l'exubérance tropicale des frondaisons, formant un dais épais, tout n'est que ténèbres et pourriture. Les arbres immenses au feuillage dense, drapés depuis le sommet de plantes parasites et festonnés de lianes gracieuses, s'animent parfois de troupes de singes malicieux et babillards, et parfois s'endorment dans un morne silence que rompt seulement le coassement des grenouilles ou le craquement des branches au passage des éléphants.

Les pluies y sont excessives et il n'y a pas de saison sèche. Des averses torrentielles et des tornades tropicales ravagent ces régions à de fréquents intervalles. La chaleur intense, due aux rayons verticaux du soleil, constitue, en agissant sur cette gigantesque étendue de végétation, une constante fermentation d'où montent des exhalaisons malsaines et où pullulent les insectes.

La couleur prédominante est un vert olive mat, sur lequel tranche, ici et là, le rouge, couleur complémentaire, de grappes de fruits et de certains feuillages.

Nous sommes à présent dans la grande forêt et, avant de nous enfoncer vers l'intérieur, il nous faut examiner les mœurs de deux grandes tribus influentes et populeuses : les Bankoundou et les Bangala. Ces deux tribus sont le chaînon qui relie les tribus pastorales et commerçantes du bas Congo avec les tribus plus grossièrement sauvages qui habitent au cœur de la région forestière, dans un rayon d'une centaine de milles autour de Stanley-Falls.

Par leurs qualités d'entreprise, leur souplesse d'esprit et leur maniabilité, peut-être au point de vue physique, les tribus des Bankoundou et des Bangala l'emportent sur toute la population du Congo et on peut dire qu'elles offrent les plus beaux types de la branche occidentale de la race bantou. Les membres de ces tribus possèdent une remarquable finesse; ils sont actifs, industrieux, guerriers; l'élément superstitieux est chez eux moins compliqué et moins extravagant dans ses manifestations, l'aspect matériel de la vie offrant à ces peuplades plus d'attraits que les mystères spirituels. Ici, le pouvoir du sorcier a des limites; son influence s'exerce sur des individus dont les dispositions sont plus belliqueuses que crédules. La supériorité des Bankoundou et des Bangala, individuellement et par tribus, est évidemment due, en une large mesure, à la position stratégique de leurs villages qui leur permet de monopoliser tout le commerce à mi-

IDOLES DE MANYEMA

Collection de l'auteur.

chemin entre les tribus commerçantes de la région inférieure et les tribus sauvages plus primitives d'où jadis on tirait les esclaves et l'ivoire. Ils constituent une communauté d'intermédiaires, ou, plus exactement, de pirates, car ils pillaient leurs voisins plus faibles et écoulaient les produits de leurs dépradations chez les tribus commerçantes.

Il suit de là, comme conséquence naturelle, que ces deux tribus ont compris l'avantage de la cohésion, vertu qui manque singulièrement aux Congolais, et leur férocité naturelle s'est disciplinée et transformée en un esprit guerrier; en second lieu, par les transactions et les échanges avec les tribus plus éclairées de la contrée inférieure, leur intelligence naturelle s'est développée.

Les Oualouhéli, du district de l'Arouimi, nous offrent un exemple de la tribu forestière typique, confinée absolument au cœur de la forêt et restant en dehors de toute influence étrangère.

Ici la règle est strictement appliquée que le faible succombe et que le fort prédomine. C'est dans les conditions d'existence d'une pareille tribu que nous rencontrons la plus probante démonstration de l'influence du milieu. Les Oualouhéli sont des sauvages types qui montrent les phases de dégénérescence où l'humanité peut choir quand elle est soumise aux conditions adverses du milieu.

Le cannibalisme y est régulièrement pratiqué, et la chair humaine fait partie de l'alimentation. Le crâne et la face, particulièrement chez la femme, sont d'un type tout à fait inférieur. Ces indigènes vivent à l'état de guerre perpétuelle.

Le groupement de chaque tribu dure rarement au delà de quelques générations. Les impulsions féroces sont ici nettement marquées et la traîtrise, dans le sens, par exemple, de soudaines attaques de nuit ou d'embuscades, est un élément prédominant du caractère des Oualouhéli. Le commerce dans cette région se borne à des échanges d'esclaves, d'ivoire et de minerai d'or natif.

Les hommes sont généralement d'un physique vigoureux, bien que mal proportionnés; ils ont la poitrine développée, le cou épais et des jambes maigres, et sont extrêmement actifs et alertes.

A part les coutelas et les lances, qui sont leurs armes de combat, à part quelques tabourets de bois et quelques poteries, ils ne possèdent rien. Leurs cases, grossièrement construites d'herbes et de feuilles de palmier tressées, ne sont que les abris temporaires de tribus nomades. Leurs plantations de manioc suffisent rarement à leurs besoins. Ils ne professent aucune religion définie, sauf la croyance que les esprits de leurs parents défunts reviennent en ce monde sous la forme d'arbres.

Ils n'admettent pas pour les femmes de vie future, et chaque mari est un tyran naturel. On ne peut dire qu'il existe chez chaque tribu de type distinctif, leurs communautés étant en grande partie composées des restes de tribus décimées. C'est grâce à cette adjonction constante de sang nouveau qu'il faut attribuer leurs qualités prolifiques.

Dans la limite de leur activité, les Oualouhéli et les tribus identiques peuvent être considérés comme intelligents, ainsi qu'en témoignent les formes ingénieuses de leurs armes.

Ils vivent aussi librement que les arbres de leurs impénétrables forêts et ne sont préoccupés que de la minute présente. Ils possèdent une singulière faculté d'indifférence et d'inertie.

Quand ils ne se battent pas pour se procurer la subsistance, ils n'ont d'autre souci que de satisfaire leurs appétits animaux. Et pourtant, malgré leur condition présente, ces tribus forestières ont conservé certains vestiges d'un état ancien supérieur. Sous leur extérieur repoussant repose un fond réel d'humanité, et en maintes occasions, j'ai vu se révéler chez eux des sentiments d'affection et de tendresse.

Avant d'en finir avec cette brève esquisse, il nous faut invoquer, comme une excuse à leurs défauts, l'influence du milieu où croupissent ces peuplades. Leurs yeux ne sont jamais récréés par un lointain horizon; aucune riante clarté ne vient réjouir leur cœur, car les rayons du soleil pénètrent rarement sous l'éternelle obscurité de la forêt dans laquelle ils naissent et meurent.

Ils vivent au jour le jour, avec la crainte perpétuelle d'être capturés ou tués; passant par des périodes de paix et de souffrance, ignorant du monde extérieur, vivant sans espoir et sans regrets.

LE LANGAGE

Chez les tribus du Congo, il n'existe pas de langue écrite; il n'y a ni signes, ni caractères d'écriture, ni traditions, ni monuments du passé. Un voile opaque est suspendu derrière chaque génération vivante, oblitérant tout ce qui s'est passé auparavant. Toute allusion à un mort est considérée comme de mauvais présage, et, quand il s'en produit accidentellement, on la rachète aussitôt par un claquement des doigts.

Nous avons dit que les dialectes que parlent les indigènes du bassin du Congo offrent tous la même structure grammaticale, et que, philologiquement, les tribus de ces régions se rattachent au groupe bantou, l'une des plus importantes races africaines.

Ces dialectes, et plus particulièrement le kikongo, sont riches et souples et contiennent une quantité prépondérante de voyelles. La beauté et la forme de ces dialectes sont remarquables; elles rappellent la douceur de l'italien, la grâce du français et la précision de l'anglais.

Les dialectes bantous parlés par les tribus du Congo sont distincts les uns des autres. Ils diffèrent entre eux au même degré que le français diffère de l'italien.

La particularité la plus naturelle de ces langues

SCULPTEUR D'IDOLE

Statue bronze de l'auteur.

consiste dans l'usage de préfixes au lieu de suffixes et dans des allitérations qui équivalent presque à des rimes. Il est intéressant de rappeler que cette particularité euphonique se retrouve aussi dans l'anglais primitif.

Cette langue, douce, souple et musicale, comporte l'accord par allitération. Elle renferme peu de consonnes, et, du moins dans le dialecte du bas Congo, c'est la lettre F qui s'y rencontre le plus fréquemment. De fait, quand les missionnaires voulurent composer leur traduction des Écritures en kikongo, ils durent commander un surplus de caractères F.

Les chefs de tribus emploient entre eux dans certains districts une forme archaïque de langage, mais ceci s'applique principalement aux tribus qui habitent la contrée peu boisée, près de la côte. Dans l'intérieur, la question des langues se complique. La moindre allusion à leur propos nécessiterait une grande quantité d'explications techniques (1). Le langage de ces indigènes est imagé, mais il manque de termes pour exprimer des sentiments nobles et généreux. En réalité, il n'existe dans aucun de ces dialectes d'expression correspondant à des sentiments tels que la gratitude ou la reconnaissance. Tout substantif est un nom

(1) Les renseignements les plus complets publiés jusqu'ici sur ce sujet, comme aussi sur tout ce qui concerne le Congo, se trouvent dans le précieux ouvrage de Sir Harry Johnston : *George Grenfell. and the Congo* (Hutchinson et C°, Londres). M. George Babington Michell, à présent consul britannique à Paris, a composé plusieurs vocabulaires indigènes qui sont de la plus grande valeur pour quiconque voudrait étudier les langues africaines.

propre, et aucun terme ne rend nos mots « solides », « fluides », « plantes » ou « animaux ». Aimer, désirer, avoir besoin, sont synonymes.

On a dit que l'éloquence constitue le seul art que pratique le nègre, et cela s'applique parfaitement aux tribus bantous du Congo, si on laisse pour le moment de côté les ingénieux talents décoratifs dont ils font preuve dans leur façon de travailler le fer. Les naturels du Congo, quelle que soit leur tribu, sont instinctivement éloquents et improvisateurs. Ils pratiquent généreusement l'usage de la métaphore. Ils raisonnent clairement et argumentent avec facilité. Les effets sonores de leurs discours sont grandement facilités par les inflexions douces et les coulantes euphonies de leur langue.

Dans beaucoup de tribus du Congo supérieur, l'orateur, parlant en public, a coutume de tenir dans sa main gauche un certain nombre de morceaux de bois, généralement des éclats de roseaux, et chacun représente un des arguments qu'il se propose de développer. Il les énumère et les commente, et, quand il en a fini avec chacun d'eux, il les place tour à tour sur le sol devant lui.

En débitant un important discours sur des affaires personnelles, l'indigène ne manque jamais de commencer par rappeler des faits remontant à ses premiers souvenirs, et de mentionner ainsi tous les événements favorables de sa carrière, sans se soucier le moins du monde si ces allusions se rapportent au sujet en question, et elles ne s'y rapportent jamais en aucun sens.

Quand il se défend d'un délit, d'une infraction quelconque, l'indigène énumère systématiquement toutes les bonnes actions de sa vie passée et toutes les mauvaise actions qu'ont pu commettre ses accusateurs : il espère ainsi influencer ses juges en sa faveur.

Pour donner un exemple des difficultés de ces langages, je relaterai mes propres efforts pour apprendre les termes numériques. Je commençai avec des petits morceaux de bois, mais les syllabes que je notai, croyant qu'elles correspondaient au premier nombre cardinal, représentaient, comme je le sus bientôt, le mot indigène qui signifie morceau de bois. Dans ma seconde tentative, je levai mon pouce, et j'écrivis le mot que prononçaient les indigènes. Levant ensuite mon index, j'écrivis un autre mot. J'étais convaincu alors d'être en possession des termes signifiant « un » et « deux ». Je me trompais encore, car, au lieu des chiffres, j'avais seulement les mots équivalant à « pouce » et à « doigt ».

Les indigènes calculent généralement par cinq; ils comptent les doigts d'une main, puis ceux de l'autre; ensuite les doigts de chaque pied. Ils indiquent le nombre dix en fermant une main. Alors faisant une marque au sol, ils recommencent avec les doigts de la main.

Nous avons un exemple de l'accumulation des syllabes dans ces langages, par les cinq premiers nombres du dialecte que parlent les Oualouhéli.

Un, se dit Dunjoundou; deux, Mamiomabinga; trois, Nambongo; quatre, Egbongané; cinq, Ibomoti; ce dernier mot signifiant littéralement une main de cinq doigts.

Les dialectes du Congo se forment par onomatopées. Ainsi, de même que nos enfants disent « teuf-teuf » pour indiquer un train, les sauvages africains emploieront le mot « ouatamba tamba » pour indiquer les hommes qui marchent en troupes, en imitation du bruit de leurs pas. « Ouatoukou toukou » est le terme qui désigne les blancs, d'après le bruit que font les machines des vapeurs fluviaux. Dans chaque cas, la syllabe « oua » est le préfixe pluriel exprimant des gens.

La main droite est appelée le mâle, et la main gauche la femelle. Chez les Zanzibaris, l'influence de l'Orient est très apparente. En gouvernant une pirogue, ils diront : « Pousse de la main avec laquelle tu manges », indiquant une direction à droite; les termes avec lesquels ils désignent la main droite et la main gauche étant : « Mkono akoulia » et « Mkono ouashoto ».

Le premier mot que balbutient les enfants dans l'Afrique centrale, de même que nos bébés, est le mot « mama ». En plus d'une occasion, j'ai entendu prononcer ce même nom par des blessés qui allaient rendre le dernier soupir.

SUPERSTITIONS

La superstition est un élément fort important dans l'existence des tribus indigènes. Dans la région non boisée des cataractes, surtout, les indigènes sont adonnés au fétichisme et au culte propitiatoire du Mauvais Esprit, en qui ils voient la mystérieuse puissance du mal, l'ennemi mortel de l'homme. Les rites et les cérémonies accomplis en vue d'apaiser les puissances surnaturelles sont observés moins rigoureusement par les tribus habitant la région forestière de l'intérieur.

Ignorant des lois de la nature, qui reste pour lui une source constante de mystère, le naturel congolais attribue à l'influence des mauvais esprits les maladies et les mésaventures de toute sorte. Il passe sa vie dans un état d'effroi perpétuel. Tout ce qui est inexplicable est aussitôt enveloppé de propriétés magiques, et tous les maux et les infortunes proviennent du Mauvais Esprit.

L'existence quotidienne de ces tribus est assombrie par des terreurs inconnues des races moins superstitieuses.

On peut dire du naturel congolais qu'il a des conceptions religieuses sans avoir de religion. Ses divinités actives sont toutes malfaisantes. C'est un adorateur du

Mauvais Esprit, un « adorateur du diable ». Il admet l'existence d'un Esprit bon, « Nzambi », mais le pouvoir de celui-ci est entièrement passif.

Dans les rites superstitieux pratiqués par les indigènes, nous avons un exemple de cette sorcellerie primitive qu'on prétend être le reste d'un antique culte de la nature, datant des premiers temps de l'humanité.

Il existe au Congo une foi universelle en une vie future, les circonstances de cette vie varient suivant les croyances locales des tribus.

La mort est envisagée comme une migration.

Somme toute, les croyances de l'indigène sont en harmonie avec son intelligence inquiète des mystères de la vie, il accepte sans hésitation les plus fantasques théories pour expliquer des événements naturels.

Dans chaque tribu, le sorcier exerce une tyrannie absolue. Les règles extravagantes qu'il faut observer, les prescriptions absurdes auxquelles il faut se soumettre, sont introduites dans toutes les occasions de la vie par les sorciers professionnels, désireux de mystifier leurs crédules fidèles, et pour mieux dissimuler les limites de leur prétendu pouvoir sur les influences mauvaises.

L'ascendant du sorcier provient surtout du sentiment de respect et de crainte avec lequel les indigènes considèrent sa puissance mystique, qui fait de lui l'intermédiaire entre les mortels ordinaires et les esprits.

L'influence des sorciers est contraire à tout principe de progrès. Si, par exemple, grâce à ses facultés naturelles ou à son énergie personnelle, un indigène accumule des richesses sous forme de fusils, d'esclaves ou de cotonnades, le sorcier l'accuse publiquement de complicité avec les esprits mauvais. La conséquence probable est que le malheureux sera massacré et ses biens partagés.

Lorsque dans le bas Congo, survient la mort d'un personnage important, le sorcier est chargé de découvrir la personne coupable d'avoir, en l'occurrence, exercé une influence néfaste, car la mort n'est jamais considérée comme un événement naturel. Le plus souvent, le sorcier accuse un esclave ou un membre âgé de la tribu, homme ou femme. On s'empare aussitôt de l'infortuné qui, à jour et heure fixés, est soumis à l'ordalie du poison. Une décoction préparée avec l'écorce vénéneuse d'un arbre est administrée, dès l'aube, à la victime. Si, dans le cours de la journée, la drogue agit comme un émétique, c'est là une preuve d'innocence; si, au contraire, le poison agit comme une purgation, la victime est étranglée et son corps est jeté dans la rivière. Dans ce dernier cas, le résultat de l'épreuve est accepté comme une preuve de culpabilité, et les naturels, en tuant la victime, sont convaincus qu'un Esprit mauvais a été exterminé.

Les Babanghi et les tribus similaires du haut Congo croient que les individus doués d'esprit malfaisant ont le pouvoir de se changer en reptiles, en animaux sauvages, pour commettre des méfaits et des meurtres.

Un rite particulier, que pratiquent exclusivement les tribus habitant la région des cataractes, s'appelle le

« N'Kimba » ou « Foua-Kongo ». Quand les anciens d'un village estiment que les femmes ne portent pas la proportion habituelle d'enfants, ils proclament un « N'Kimba ». Les sorciers et les autres participants du rite vont s'installer dans un bois isolé où les rejoignent bientôt les initiés volontaires. On admet les adolescents et les adolescentes, les hommes de tout âge et les femmes qui n'ont pas encore été mères.

Quand l'initié est entré dans le « N'Kimba », on lui peint le corps à la chaux, et il doit adopter une forme compliquée de langage. On suppose qu'il meurt et qu'il ressuscite pour commencer une vie nouvelle.

A l'achèvement du « N'Kimba », qui dure habituellement de cinq à six ans, les membres de la congrégation prennent un autre nom, feignent d'avoir oublié leur vie ancienne et ne reconnaissent ni leurs parents ni leurs amis. Un lien persiste jusqu'au delà de l'existence entre les individus qui ont été membres de cette singulière et secrète confrérie.

Dans le dialecte du bas Congo, la santé s'exprime par le mot « moyo », esprit, et dans le cas de maladie dangereuse, on suppose que le « moyo » a déserté le patient pour aller vagabonder au dehors. Alors, une expédition conduite,par le sorcier part à sa recherche et ramasse des branches, des coquillages, des pierres; entre ces objets et le malade, le sorcier accomplit une série de passes et de simagrées. La cérémonie s'appelle « foutoulanga moyo », le retour de l'esprit.

Dans cette même région, on croit communément que le « moyo » d'un homme, son esprit, peut lui être

COLLIER EN CUIVRE, MALINGA

COLLIER EN CUIVRE " MOLUA ". POIDS 7 KILOS

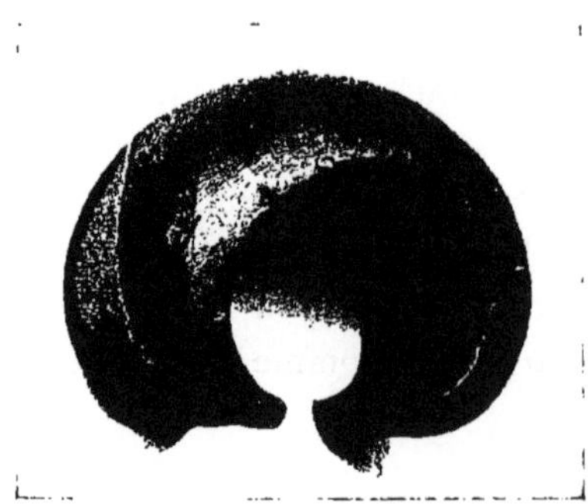

ANNEAU DE CHEVILLE EN FER " ARUIMI ". POIDS 4 KILOS

Collection de l'auteur.

dérobé, être arraché à son corps et caché par un ennemi. Si un malade rêve deux fois d'un même individu, un soupçon naît aussitôt et l'infortuné qui a figuré deux fois dans les cauchemars du moribond peut être accusé de lui dévorer son « moyo ».

Il est de mauvais augure pour un homme d'en montrer un autre du doigt. Tous les indigènes du Congo attachent un sens aux présages. A certains quadrupèdes ou oiseaux se rattachent des influences bonnes ou mauvaises. Chez les Babanghis du haut Congo, par exemple, le hibou est dénommé « l'espion du Mauvais Esprit ».

Les naturels éprouvent une répugnance superstitieuse à parler des morts. S'il leur arrive de mentionner une personne décédée, ils ont coutume d'employer avant son nom le temps passé du verbe « ouidi », vivre. Si cette précaution est omise, c'en est assez pour soulever immédiatement la colère des parents et des amis du défunt. Quand un mort est enfoui dans le sol, tout danger cesse pour lui d'être exposé aux caprices du Mauvais Esprit et l'on considère comme une vilaine action la seule mention du nom du défunt.

Les images de bois à forme humaine sont communes chez les tribus congolaises et plus particulièrement chez celles qui habitent la région du bas Congo. Ces figures, aux formes plus ou moins fantastiques, sont sculptées généralement par les sorciers qui les vendent pour certaines propriétés particulières dont ils les disent pourvues, et parce qu'elles ont le pouvoir de détourner l'adversité.

Si, par la suite, ces images ne justifient pas les vertus que leur attribuait le vendeur, on les cède promptement à quelque acquéreur crédule, ou bien, dans la colère d'être déçu, le possesseur les défigure, les mutile, les met en pièces.

Les naturels du bas Congo ont coutume d'enregistrer un serment en enfonçant une cheville de bois dur ou un morceau de fer dans la grande figure de bois que possède toujours le chef. Le serment lie celui qui l'a prononcé aussi longtemps que la cheville ou le clou reste dans l'image.

Ces figures de bois sont appelées « nkissi », charmes magiques et la façon dont elles sont taillées dénote une grande ingéniosité. Les visages possèdent souvent des traits fort expressifs et les caractères physiques de la tribu sont fréquemment reproduits avec fidélité.

COUTUMES

On ne peut que résumer quelques traits se rapportant aux coutumes les plus importantes, si l'on considère l'extrême diversité de mœurs et de degré d'intelligence des tribus qui forment la population du Congo.

Les indigènes se divisent en clans, tribus et villages, sous l'autorité de chefs nommés par eux. Les clans se distinguent par des différences de type, de dialecte, d'armes et d'ornements, et, chez les tribus du haut Congo, par certaines entailles cicatrisées sur la face et sur le corps.

L'autorité des chefs est rarement héréditaire, bien que le fils aîné soit souvent accepté comme héritier naturel.

Il est rare de rencontrer des vieillards : ou bien ils sont mis à mort sur la dénonciation des sorciers, ou bien on les laisse périr d'inanition quand ils deviennent incapables de pourvoir eux-mêmes à leur subsistance.

Des suicides se produisent parfois, qui sont attribués à des accès de fureur.

Certains actes symboliques se présentent de temps

à autre, comme dans le cas de ce chef bololo qui envoya sa lance à Glave pour indiquer qu'il avait besoin de son secours dans une guerre.

Le temps se calcule d'après les phases de la lune. Les tribus de l'Arouimi désignent le moment de la journée en mesurant des parties de leur pouce gauche, la jointure médiane indiquant midi. Les indigènes n'apprécient aucunement la valeur du temps, et ils ignorent la date de leur naissance et leur âge. Ils sont des joueurs effrénés et il leur arrive fréquemment de risquer leur propre liberté sur les chances d'un jeu.

Plusieurs tribus du haut Congo, notamment les Babanghi de Bololo, solennisent le règlement de différends entre des chefs rivaux par le sacrifice d'un esclave, pour témoigner de leur sincérité. La victime, en ces occasions, subit préalablement une torture qui consiste à lui briser les bras et les jambes. Puis, à la jonction de deux sentiers, on l'enfouit dans la terre jusqu'au cou et on le laisse mourir ainsi en une lente agonie.

Les indigènes expriment l'étonnement en portant la main devant la bouche ouverte et en élevant les sourcils. L'index placé sur la paupière, en même temps que l'on articule la syllabe « nyo », signifie la négative chez les Babanghi.

Pour exprimer la satisfaction, ou pour conclure un marché, on casse un bâton et on coupe en deux un bouquet de feuilles. Dans la tribu Bahouendé, du bas Congo, la main gauche passée de gauche à droite sur

MASQUE INDIGÈNE, RUA

DOSSIER-APPUI, BOIS D'UN SEUL MORCEAU

Collection de l'auteur.

la bouche ouverte en soufflant en même temps, indique le règlement de tout contrat. Chez certaines tribus du haut Congo, un geste similaire souligne la sincérité des propos tenus.

Au lieu de rire ouvertement des ridicules d'un compagnon, les naturels du Congo émettent un cri moqueur en tapant sur leur bouche avec leur paume ouverte. Quels que soient les mouvements intimes de leur cœur, ils ne témoignent guère de sentiments sympathiques ou désintéressés, et, pour l'homme ou la femme, toute manifestation d'émotion est considérée comme un signe de faiblesse...

La fraternité du sang, « ti n'déko », comme on l'appelle à Bangala, est une cérémonie qui se pratique dans la majeure partie du Congo et plus spécialement chez les tribus de la région supérieure. Elle a pour objet de cimenter l'amitié et de garantir la bonne foi entre les chefs, et les moins scrupuleux s'y conforment. Il s'attache même à cette cérémonie une signification religieuse. Sur le bras droit de chaque partie, une incision est faite, et, aussitôt que le sang coule, de la potasse en poudre est versée sur la blessure. En même temps, l'officiant prononce un discours dans lequel il proclame l'importance de ce mélange de sang et la nécessité d'observer la sainteté de ce contrat sacré. Pour que le sang se mélange, on frotte les deux bras l'un contre l'autre, et les deux parties sont alors déclarées publiquement frères d'un unique et même sang. Dans certaines tribus, le sang de chaque homme est recueilli sur une feuille; on y verse une poudre mystérieuse, la feuille est roulée en forme de cigare, coupée en deux parties que chacun des « frères » doit manger.

La vue du sang, qu'il soit humain ou animal, donne toujours aux naturels une excitation violente.

CONDITIONS DES FEMMES ET DES ENFANTS

La femme, susceptible à tout moment d'être vendue, représente une valeur commerciale, et le proportion des femmes libres est infime. Celles-ci occupent une position sociale inférieure et les divers degrés de l'échelle de la sauvagerie s'observent aisément d'après la manière dont les femmes sont traitées.

Comparées aux hommes, les femmes sont d'une plastique inférieure, ce qui est dû évidemment à leur asservissement et à la décrépitude prématurée qui est la conséquence de leur développement précoce; on voit souvent des stigmates de souffrances et d'épuisement sur les visages de femmes toutes jeunes.

En se dirigeant de la côte vers l'intérieur du Congo, le type mâle s'améliore au point de vue de la vigueur physique, le type féminin restant plus élevé dans les régions de la côte. Partout la femme cultive le sol, recueille la nourriture et la prépare, fait les provisions de bois et vaque à tous les soins domestiques.

Dès qu'elles ont atteint neuf et dix ans, les filles sont en âge de se marier, ce qui consiste en un simple achat, la transaction s'effectuant soit avec le père, soit avec le chef du village. Si la femme meurt avant d'avoir donné le jour à un enfant, l'homme a le droit d'exiger du chef ou des parents de la femme le remboursement du prix d'achat.

La vie familiale n'existe pas. Dans les huttes, disposées en longues lignes, les femmes et les très jeunes enfants vivent ensemble, mais les hommes se créent une existence à part. Les habitations n'ont aucun confort ni aucun mobilier.

Dès les premiers signes de grossesse, les femmes se retirent dans une partie spéciale du village à l'écart de la population mâle, dans le bas Congo, « Nzo Ngoudi Nkento ». Elle y reste jusqu'à ce que l'enfant soit sevré. Il est intéressant d'observer ici l'affinité de cette coutume avec une ancienne prescription mosaïque. A propos de l'isolement de la femme pendant la grossesse et l'allaitement, les mères ne disposent d'autres ressources que leur propre lait pour nourrir leur enfant. Pendant l'absence obligatoire de la femme, le mari profite de ce que la loi lui permet la pluralité des épouses, et sa première compagne est immédiatement supplantée par une seconde. Après l'accouchement, il est de coutume pour les femmes d'avaler de la glaise ou du sable. Pour sevrer le nourrisson, elles se barbouillent le sein avec une préparation amère.

Des jumeaux sont généralement considérés comme un présage heureux, et la mère s'en enorgueillit.

Les enfants qui naissent difformes sont habituellement tués, mais on laisse vivre les albinos qui sont un objet de risée et de mépris.

CHEF D'UNE TRIBU DE PYGMÉES

Buste bronze d'après nature, par W. Goscombe John R. A.

Collection de l'auteur.

L'adultère passe pour un crime, parfois puni de mort, mais, dans la plupart des cas, ce crime se rachète par le paiement d'une amende. Si l'adultère est commis dans l'enceinte du village, l'homme et la femme sont jugés également coupables; s'il est perpétré au dehors, la faute est imputée à l'homme seul. Cette coutume est analogue aussi à une ancienne loi hébraïque.

Les enfants indigènes sont semblables aux nôtres; les plaisirs des bambins africains sont ceux de tous les enfants. Leur mère les caresse et les baptise d'appellations tendres et fleuries.

Dès qu'ils sont en âge de courir, ils se mettent, après le bain et le séchage au soleil, à aller et venir en tous sens, aidant à pêcher de petits poissons, à attraper des oiseaux, et ils jouent à cuire ces aliments sur les tisons des feux de la case. Les garçons se fabriquent des arcs et des flèches à leur taille, naviguent en de petites pirogues et imitent ambitieusement tous les travaux des adultes. Jamais aucun conseiller avisé ne tâche de corriger ou de discipliner leurs instincts naturels. Ils sont bien la progéniture de parents dont l'union est tout à fait passagère.

Il est certain que les nègres de l'Afrique centrale ont dans leur jeunesse une très vive intelligence et une rare promptitude d'esprit. L'atrophie des facultés cérébrales peut être attribuée à la jonction prématurée et à l'ossification subséquente des sutures du crâne, qui arrêtent ainsi l'expansion naturelle du cerveau...

Les indigènes ne tiennent compte d'aucune date; en

conséquence ils ignorent leur âge. Les seules époques qui laissent une trace dans leur esprit sont celles qui ont été marquées par un événement tel qu'une bataille avec une tribu voisine ou la mise à mort d'un éléphant.

MAUX ET MALADIES

Les plus terribles maladies auxquelles sont exposés les naturels du Congo, sont la variole et la maladie du sommeil, appelée « Ntolo » en dialecte banbanghi et « Bokono » en dialecte bangala. Les symptômes de cette affection, extrêmement fréquente et dont la nature a été récemment déterminée, consiste en un endolorissement de l'épine dorsale et un irrésistible besoin de dormir. Le patient succombe généralement six mois après avoir été atteint.

Cette maladie est redoutée à un tel point que la pire malédiction, et la plus effective, qu'un noir puisse proférer est : « Waka ntolo » (Puisses-tu mourir de sommeil). La malaria et la fièvre bilieuse sont très répandues ainsi que l'éléphantiasis, les ulcères et la dysenterie, cette dernière étant peut-être le plus fréquent et le plus fatal de ces maux.

Les remèdes les plus grossiers et les plus extravagants sont appliqués, d'après le principe qu'un mal chasse l'autre. Les herbes médicinales s'emploient couramment avec des résultats salutaires parfois, mais le secret de leur propriété est jalousement gardé par ceux qui en tirent profit. Les rudiments mêmes de l'hygiène sont totalement ignorés, et il est surprenant que le pays ne soit pas dévasté davantage par les épidémies. Si les chiens parias, les oiseaux, les insectes, les pluies et les grands vents ne procédaient pas à un nettoyage incessant des immondices, la vie dans les villages indigènes serait impossible.

Si un individu est jugé atteint d'une maladie contagieuse, il est brutalement roué de coups, sous lesquels il succombe, et son cadavre est lié à un tronc d'arbre, loin du village, presque toujours sur quelque crête de colline.

CICATRICES

Les tribus de l'intérieur, au delà de Bolobo, pratiquent universellement le procédé des cicatrisations; chaque tribu ou clan adoptant une marque distinctive, ou « Dikouala », sur le visage. L'application du procédé commence dès que l'enfant atteint quatre ou cinq ans. Suivant la marque de la tribu, on fait sur le visage, la poitrine ou l'abdomen, une série d'incisions profondes, qu'on renouvelle à intervalles de quelques mois en les remplissant de poudre de cam ou de cendres de bois. Cette pénible mutilation répétée pendant plusieurs années donne à la chair des excroissances plus ou moins volumineuses.

Les visages d'un grand nombre de noirs de la tribu babolo, des régions malinga et loupouri, sont fort défigurés par ce procédé, des boules de chairs, grosses parfois comme un œuf de pigeon, faisant saillie aux tempes, à la base du nez et au menton. Les Bopoto et d'autres tribus analogues se distinguent par un système particulièrement compliqué de cicatrices.

Cette coutume, telle qu'elle est à présent pratiquée, a une triple origine : premièrement un goût barbare pour le décor; secondement, le désir d'avoir un moyen indiscutable d'identification, et, enfin, la nécessité d'une entr'aide, puisque tous ceux qui portent une même marque appartiennent au même clan.

C'est à cette pratique qu'Hérodote décrit comme l'un des traits caractéristiques des Thraces et des Scythes, qu'on peut faire remonter l'origine de l'art héraldique?

COSTUMES ET ORNEMENTS

Hommes et femmes, au Congo, réduisent leur vêtement à un minimum à peine suffisant, dans bien des cas, pour cacher leur nudité, et chez certaines tribus, les Bopoto, par exemple, une nudité complète est de règle pour les femmes. Et pourtant, en tant que race, les indigènes ne demeurent en aucune façon insensibles au charme des ornements. Il semble que le vêtement ait été adopté comme un moyen de se parer plutôt que pour des raisons de décence. Néanmoins, les Congolais sont accessibles à un sentiment de pudeur et de honte.

Chez les habitants du bas Congo, le costume et les ornements des hommes consistent en une bande de tissu d'herbe passée autour des reins. Les femmes portent, devant et derrière, un petit tablier suspendu à une ceinture de corde, faite d'herbe tressée; elles ont des ornements de bois et de métal. Le plus grand nombre se passe dans le cartilage intérieur du nez un bâtonnet long de six pouces.

Parmi les indigènes du haut Congo, le costume et les ornements offrent une variété plus grande. Les hommes suspendent à une ceinture une bande faite d'écorce fraîche battue pour en extraire la sève et lui conserver sa souplesse. Ils se font fréquemment sur le corps des lignes et des dessins colorés; le charbon de bois pilé, la glaise, l'ocre, le calcaire, la chaux et le bois de cam constituent la base de leurs mélanges colorants.

Ils rasent leur chevelure et leur barbe ou ils les tressent en nattes ou en pointes selon la coutume en vogue dans la tribu, et tous, hommes et femmes, s'extirpent invariablement les cils et les sourcils, coutume en pratique jadis chez les Grecs et les Romains. Un indigène banbanghi qui n'a pas soin de sa personne ou dont les sourcils ne sont pas arrachés se voit désigné par le sobriquet de « Mosou n'Konghéa » (yeux poilus). Les ongles des doigts sont parés et grattés jusqu'au vif. Parmi les tribus cannibales les incisives de chaque mâchoire sont taillées en pointe au moyen d'un ciseau de fer.

Hommes et femmes portent volontiers des anneaux de fer pesants, aux bras et aux chevilles. Dans les villages cannibales on trouve fréquemment des colliers et des bracelets de dents humaines, de doigts séchés et d'omoplates.

Outre qu'ils ont chevillés des anneaux d'un alliage de fer et de cuivre, les tribus babanghis s'ornent d'un collier massif de ce même métal, qu'ils appellent « moloua », pesant de quinze à vingt livres, et dépassant même ce poids. Il n'est pas rare de voir une femme s'allonger à terre, pour se soulager du fardeau qu'est son collier : fréquemment d'ailleurs le frottement de pareilles masses provoquent sur les épaules des blessures qui deviennent ulcéreuses et se couvrent de mouches; mais ces ornements de métal augmentent considérablement la valeur d'une femme.

JEUNE FILLE DE LUKOLELA, PORTEUSE DE BOIS

Statuette en bronze par l'auteur.

Je m'enquis une fois auprès d'un chef indigène, à Bapoto, de la raison pour laquelle les femmes ne portaient pas de costume dans son district. Sa réponse en dialecte, est difficile à rendre, mais elle avait ce sens :

— Si l'on cache quelque chose, ceux qui sont curieux le deviennent davantage.

Le fait de s'oindre le corps avec une préparation d'huile de palme et de poudre de cam, qui colore la peau en rouge, paraît une très ancienne coutume. Cet enduit protège, jusqu'à un certain point, contre les refroidissements. En temps de guerre, les hommes dans les tribus du haut Congo noircissent leur visage et leur cou avec de l'huile de palme et du charbon de bois en poudre qui les fait ressembler ainsi à une espèce de singe, le soko. Ils expliquent que par ce moyen ils obtiennent « une finesse de singe ».

Le comble de l'élégance est de porter une bande de cotonnade européenne, si sale soit-elle, au lieu de ces ceintures d'herbe si merveilleusement tressées. Chez les tribus riveraines, les hommes se coiffent de chapeaux ronds ou coniques, faits de peau de singe ou de léopard, et l'on trouve aussi cette mode chez les peuplades de l'Arouimi. Les indigènes qui résident sur les rives du Congo, à l'embouchure du Lomani, entre Stanley-Falls et l'Arouimi, barbouillent leurs cheveux, leur front et leur gorge avec une sorte de substance gluante composée d'huile de palme et de poudre de charbon de bois, et ils s'insèrent dans la lèvre supérieure une pièce d'ivoire d'un pouce de diamètre.

RITES FUNÉRAIRES

Les rites funéraires varient, au Congo, dans chaque tribu. Tantôt, les femmes se rasent la tête, tantôt s'enduisent le front de glaise, — la durée du deuil dépend de la position sociale du défunt. Comme trait symbolique, on recouvre généralement la tombe avec des tessons de poteries et de bouteilles.

Quelquefois, le corps est enveloppé d'étoffes et enterré, le plus souvent au milieu de la case, les amis placent de la nourriture sur le sol, et on laisse tomber la case en ruines.

A l'occasion de la mort d'un chef, on procède presque toujours à de grands sacrifices humains, avec cette idée que les esprits de ceux qui sont sacrifiés suivront l'esprit du chef qui conservera ainsi une suite digne de lui après sa mort.

On engage alors des pleureuses professionnelles qui manifestent leur chagrin par des lamentations et des cris déchirants, donnant réellement l'impression d'une douleur vraie. Pourtant, au milieu de leurs plaintes les plus farouches, elles ne se font pas faute de s'interrompre pour fumer une pipe ou se prendre de querelle avec une voisine. Pendant cette période de deuil, elles s'abstiennent de se baigner, conservant une apparence d'inconsolable désolation.

NOURRITURE

Au lever du jour, l'indigène prend un léger repas composé de fruits; dans le courant de la journée, il fait plusieurs collations, mais son principal repas est celui du soir. En général, les noirs sont sobres; pourtant, si un éléphant ou un hippopotame a été tué, ils se gorgent d'une façon extraordinaire et en restent incapables de se mouvoir pendant un certain temps.

Dans la région du bas Congo, les rats tachetés sont considérés comme un mets de choix. On les attrape dans des pièges cylindriques ayant la forme de nasses à anguilles.

Sir Harry Johnston a longuement traité la question de l'alimentation (1). Il semble évident que les habitants actuels du haut Congo n'ont dû occuper cette région qu'à une époque relativement récente. A une date qui ne peut être éloignée, les conditions physiques de la région de la Grande Forêt, où de vastes étendues étaient encore submergées, ne permettaient aucune occupation. L'examen même du régime d'alimentation prouve que d'importants changements ont eu lieu au

(1) *George Grenfell and the Congo,* par Sir Harry Johnston. G. C. M. G. — K. C. B.

cours de ces derniers siècles, dans cette partie du continent africain. La principale nourriture des habitants actuels du haut Congo, à l'exception du poisson, est presque toute d'origine américaine. Les Pygmées de la Grande Forêt sont les seuls naturels qui paraissent capables de se nourrir de produits indigènes.

Au cas où sa récolte de comestibles exotiques ne réussit pas, une tribu bantou en est réduite à un manque absolu de nourriture.

Dans l'intérieur, dans les districts situés autour de l'Arouimi et du Lomami, l'alimentation consiste en bananes, en manioc et en poisson. Vers la côte occidentale, outre les bananes et le manioc, les indigènes cultivent le maïs, la patate, la canne à sucre, la pistache, les courges, les potirons, l'ananas et le tabac; en outre, le palmier leur donne la noix de coco, l'huile et le vin de palme. Ils utilisent aussi un grand nombre de plantes sauvages, dont les feuilles, hachées et cuites, font un légume qui a la saveur de l'épinard.

Quant au sort des malheureuses volailles du Congo, il y aurait beaucoup à dire sur les souffrances qu'elles endurent à être exposées au soleil et à la pluie. Transportées prisonnières de village en village, de marché en marché, et vivant de ce qu'elles peuvent picorer dans l'étroit rayon de leur entrave, elles sont d'une maigreur vraiment décourageante!

Les porcs se vendent vivants ou dépecés. Il est curieux de remarquer en passant que, dans certaines contrées, la valeur d'un porc est environ deux fois celle d'une femme.

TYPE BANGALA

TYPE LOMAMI

Dessins de l'auteur.

Le porc gras est vendu par petites portions et, parfois, pour éviter les vols et les filouteries, les morceaux gras les plus fins sont fixés sur une brochette et portés sur la tête laineuse du boucher. La chaleur du soleil cause une certaine perte, car la graisse fond et ruisselle sur la figure et les épaules du marchand.

LES MARCHÉS

Dans le Congo, les indigènes se montrent très sévères pour l'observation des règlements qui régissent leurs marchés. Toute infraction expose le coupable à la peine de mort. En ces occasions, le contrevenant est enterré jusqu'au cou au milieu de la place, et on lui écrase le crâne avec une lourde pierre; ou bien on le frappe à mort avec des matraques et son cadavre est ensuite attaché à un poteau érigé sur le bord d'un chemin.

Comme en Irlande, que les indigènes aient ou non affaire au marché, ils se font un devoir de s'y rendre, car leur instinct commerçant est très développé. S'ils n'ont rien à acheter ou à vendre, ils prennent plaisir à être spectateurs.

Ils sont fort bruyants et se chamaillent à tout propos. Tout le monde crie à la fois et personne n'écoute. Ils perdent des heures en d'absurdes querelles où chacun donne des explications que nul n'entend.

La semaine des Bakongo est de quatre jours qui se dénomment : N'kandou, N'konsou, N'kenghé, N'sona.

A chacun de ces jours, un marché à vivres se tient dans un district différent. Les noms des villages sont accolés à celui de leur jour de marché, et un indigène dira : N'kandou Loutété, ou N'kenghé Lemba.

En me promenant un jour dans un marché, mon attention fut attirée par une femme affublée de toutes ses richesses. Elle était couverte de poudre de cam et portait au cou et aux chevilles des cercles massifs de fer. Un indigène m'informa qu'elle était à vendre.

— A combien estimes-tu le collier? demandai-je.

— A trois cents mitakos, répliqua-t-il.

— Et les cercles des jambes?

— Ils valent cent mitakos chacun.

— Et la femme elle-même?

— Trois cents mitakos.

LES ARMES

Les sauvages du haut Congo sont toujours armés. Un homme sans armes se fait bafouer; on le traite de femme et on l'invite à « aller élever les enfants ».

Les tribus congolaises en sont encore à l'âge de fer. Dans l'intérieur, ce métal est abondant et forme le principal élément du commerce. Comme il est indispensable pour la fabrication des armes, les indigènes lui accordent une réelle valeur.

Les tribus de l'intérieur peuvent se classifier non seulement d'après les cicatrices distinctives de leur visage et de leur corps, mais aussi par le contour et la forme qu'ils donnent aux coutelas et aux fers de lances, qui constituent leurs armes offensives et défensives. Les indigènes manifestent, dans la fabrication de ces objets, un goût artistique et une ingéniosité mécanique remarquables. La plupart des coutelas de combat manufacturés par les tribus résidant fort loin de la côte possèdent une grâce extrême de forme et témoignent d'un sentiment profond de l'art décoratif.

De l'état brut, le minerai de fer est réduit et fondu dans des fourmilières creuses, au moyen de feux de charbon de bois et de soufflets primitifs. Pour lui donner la forme voulue, on le bat à l'aide de pierres polies,

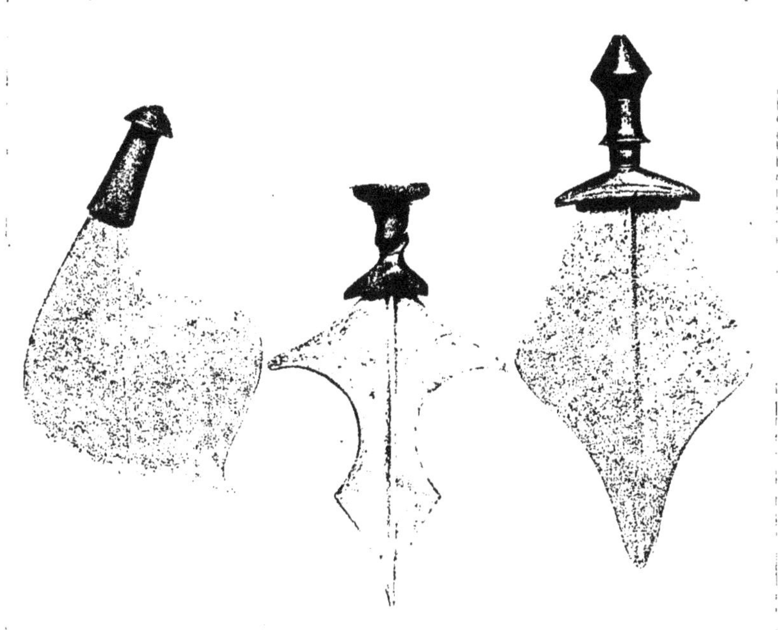

COUTEAUX DE COMBAT — KASAI —

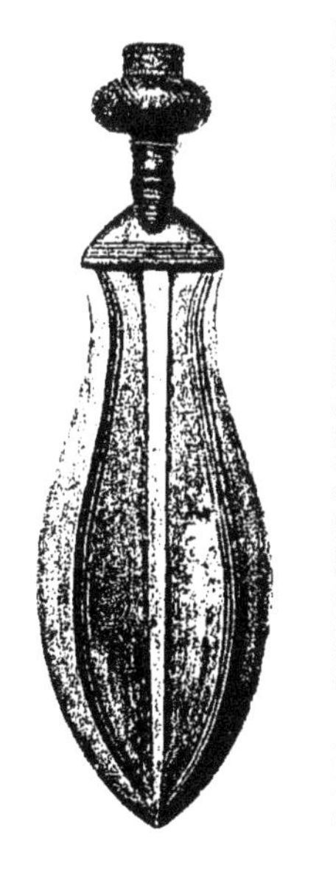

COUTEAU DE COMBAT — RIBBA —

après quoi, il est façonné et décoré. Tout individu, dans les tribus du haut Congo, est plus ou moins capable de confectionner lui-même ses armes.

La forme des coutelas et des lances constitue une véritable marque d'origine, et l'on peut aisément discerner d'après certaines caractéristiques par quelle tribu une arme a été fabriquée.

LE TABAC

Dans toute l'Afrique centrale, le tabac croît à l'état sauvage. Depuis la côte jusqu'à Boukouté, le district équatorial, dans toutes les tribus, hommes et femmes fument. Vers l'intérieur, la coutume devient moins générale. On fume dans des pipes de formes diverses, avec des fourneaux en terre, en roseau, en corne d'élan, en courge, en tige de bananes et même en fer et en ivoire. Chaque tribu se prévaut d'une pipe de forme distincte. Le fumeur avale sa fumée, et après deux ou trois aspirations profondes, la pipe est généralement passée au voisin.

On se contente de cueillir et de faire sécher les feuilles de tabac. Sur la rive nord du Congo, en face de Loukoléla, les feuilles sont saturées d'urine, roulées et liées quelque peu à la façon du périqué d'autrefois.

Parfois, l'indigène creuse une légère excavation dans le sol et y dépose une longue tige d'herbe de telle manière que les extrémités dépassent un peu chaque bord. Il remplit de terre molle l'excavation et retire doucement la tige d'herbe qui laisse une sorte de canal à direction semi-circulaire. A l'une des extrémités il place une feuille de tabac avec un tison ardent, et, chacun à son tour, les fumeurs se baissent et viennent tirer une bouffée par l'extrémité libre. Cette façon de fumer est celle que pratiquent les fumeurs en marche, évitant ainsi d'ajouter à leur marche le supplément de poids d'une pipe. Quant au tabac, on en a toujours des feuilles sauvages à la portée de la main.

Les naturels du bas Congo fument le chanvre sauvage (liamba) avec de tristes résultats. Cette pratique, du reste, n'est pas très répandue et elle est d'origine relativement récente. Par contre, dans cette même région, les indigènes prisent; ils sèchent les feuilles de tabac au-dessus d'un feu, les écrasent dans les mains et mêlent la poudre aux cendres blanches d'un feu de bois dur. C'est sur une lame de coutelas qu'ils s'appliquent le plus souvent la prise aux narines. A Loukoléla, hommes, femmes et enfants sont des fumeurs invétérés. Ils emploient une pipe de métal avec un tuyau dont la longueur atteint huit ou neuf pieds.

Le procédé qui consiste, pour obtenir du feu, à frotter deux bâtonnets l'un contre l'autre est difficile et lent. Aussi, quand les indigènes se mettent en route, l'un deux est toujours chargé de porter un tison dont on prend le plus grand soin et dont le bout ardent est tourné vers le corps.

CHANTS (1)

Les indigènes du Congo possèdent, un sens naturel de la mélodie. Ils entonnent volontiers des chants d'une nature primitive, toujours monotones et sans grande variété. En général, l'homme chante seul une sorte de couplet et le refrain est repris par les femmes. Il est assez vraisemblable que les chants des pagayeurs et même les mélopées funèbres doivent leur origine à une espèce d'oiseaux chez lesquels le mâle exécute un solo, dont les dernières notes sont répétées par les femelles. Les tambours sont à peu près le seul accompagnement musical. Les paroles des chants indigènes ont un caractère improvisé et tendent à ridiculiser les défauts et les travers des uns et des autres.

Les voix des hommes sont mélodieuses et musicales; les voix des femmes, au contraire, sont fréquemment criardes, perçantes et fausses.

(1) Je tiens à remercier ici mon ami M. Raymond Woog qui a bien voulu transcrire les deux chants de pagayeurs africains de la page 272.

Chant du Haut Congo.
Sur un long canoë
La voix aiguë de l'homme à la proue
Réponse cadencée.
Les hommes qui pagaient

CHANT INDIGÈN

CHANT INDIGÈN

INSTRUMENTS DE MUSIQUE

Les indigènes du Congo possèdent des instruments de musique extrêmement peu variés, bien qu'ils aient le sentiment musical développé.

Leurs tambours sont faits de peau de chèvre tendue sur les extrémités d'un fragment de tronc d'arbre à bois doux, dans lequel on creuse une étroite crevasse longitudinale. On les frappe avec de petites baguettes garnies de boules de caoutchouc brut. C'est au moyen de tambours de cette forme que se font les curieux appels par tambours.

Dans les cérémonies et les danses rituelles, on se sert aussi de crécelles et de castagnettes. La tribu Batéké, du moyen Congo, possède un grossier instrument à cordes dont la forme rappelle celle d'une lyre. Les tribus du bas Congo ont le « mbichi », petit instrument composé de lames de fer fixées à une boîte de résonnance; on le tient à deux mains et on en joue au moyen des pouces.

APPELS PAR TAMBOURS

Dans toute l'Afrique centrale, il existe un curieux système de communication entre les villages au moyen de battements de tambours. Ce système est d'une origine fort ancienne et quand on voyage en Afrique, on est toujours annoncé d'avance par ce moyen.

Le tambour qui est le plus communément employé pour cet usage consiste en une caisse de bois très dur, ayant environ six pieds de long et deux pieds de diamètre. Cette caisse est faite d'une section de tronc d'arbre qui a été évidée au moyen d'un petit outil en forme de doloire. C'est là un ouvrage qui prend beaucoup de temps et exige une patience considérable. Un côté est laissé plus épais que l'autre, ce qui permet de produire deux sons distincts.

L'appel a lieu par une série de battements. Les indigènes peuvent ainsi converser, et même, en temps de guerre, communiquer avec l'ennemi et discuter les conditions de la paix. Ceci s'applique plus particulièrement aux tribus riveraines qui, ayant constaté que le son se transmet mieux à la surface de l'eau, ne manquent pas de venir au bord du fleuve avec leurs tambours, et leurs appels se répètent de village en village.

Avec les baguettes garnies de caoutchouc brut durci,

M'BICHI

Instrument de musique du bas Congo.

Collection de l'auteur.

l'indigène procède à une série de tappements irréguliers sur les deux notes. Malgré tous mes efforts, je n'ai jamais pu obtenir de renseignements pratiques sur cette méthode, mais je puis personnellement garantir la prodigieuse exactitude avec laquelle nouvelles ou ordres sont transmis.

Pour mettre leur habileté à l'épreuve, je demandai un jour aux indigènes de me faire envoyer d'un village situé à une grande distance de l'autre côté du fleuve une pirogue montée par quatre hommes. Je vis bientôt la pirogue se mettre en route dans notre direction. Quand je me fus bien assuré du fait, je fis dire que la pirogue était trop petite, que j'en désirais une plus spacieuse, avec un plus grand nombre de pagayeurs. Immédiatement la pirogue reprit le chemin du rivage, et une autre, plus vaste, avec des pagayeurs plus nombreux, fut poussée au large. Mon ordre avait été promptement et parfaitement exécuté.

Au moyen des tambours, les indigènes se communiquent des renseignements sur les mouvements des troupeaux d'éléphants, d'hippopotames et de buffles, invitant tout le monde à partir pour la chasse. Ils donnent des informations précises sur les lieux de rendez-vous, de sorte que tous peuvent se rassembler facilement.

FABLES ET PROVERBES

La connaissance des proverbes permet de pénétrer plus intimement dans la vie domestique des peuples, et je m'efforçai, pendant mon séjour au Congo, d'en recueillir le plus possible. Mais ils sont peu nombreux. Je n'ai pu en découvrir un seul chez les peuplades de la région supérieure, et dans les tribus du bas Congo, j'ai réussi à rassembler seulement les quelques maximes qui suivent :

« Tout est agréable à la jeunesse. »

« S'il vous faut dormir à trois dans un même lit, dormez au milieu. » (Les lits sont faits de tiges de bambous. Ils ont généralement quatre pieds de long sur trois pieds de large et sont maintenus à six pouces u-dessus du sol par de petits chevalets.)

« Ma mère est furieuse après moi, mais que m'importe ! Nous ne mangeons pas dans le même plat. » (Allusion à l'habitude qu'ont les hommes et les femmes de prendre leurs repas séparément.)

« Disou kounsi loukaya, un œil sous une feuille. » (Allusion à l'hypocrisie.)

« Kiesi vana n'dabou, rire sur la paupière » Allusion au manque de sincérité.)

Pour désigner le dernier, on dit : « la mère du der-

COLLIER ET BRACELET DE DENTS HUMAINES, ARUIMI

Collection de l'auteur.

nier, » et quand il est question de rêves, l'indigène emploie une expression qui signifie « pays des songes ».

Les diverses tribus du Congo connaissent une version de la fable de la poule aux œufs d'or. « Quatre imbéciles avaient une poule qui, au lieu d'œufs, pondait des perles de verre bleu. Une querelle s'éleva au sujet de la propriété de la poule, qui fut finalement tuée et divisée en quatre parts égales ; chaque imbécile en eut une, mais la source de leur bonne fortune fut tarie. » Les perles de verre bleu, introduites probablement par les Portugais ont été, depuis le dix-septième siècle, la principale monnaie d'échange avec les tribus de la côte.

Les indigènes Banbanghi et les tribus voisines du haut Congo m'ont relaté une fable sur l'origine des singes. Une tribu vivant sur les bords du Congo, près de Bololo, se trouvait irrémédiablement endettée envers ses voisines. Afin d'échapper aux persécutions de leurs impitoyables créanciers, les membres de cette tribu se réfugièrent dans la grande forêt. Le temps passa, mais ils restaient pauvres, et ils dégénérèrent à ce mode d'existence. Des poils leur poussèrent sur le corps ! ils renoncèrent au langage pour ne pas être reconnus, et depuis lors ils sont restés dans la forêt où ils sont connus sous le nom de « Bakéoua », hommes-singes.

Un Babanghi à qui l'on demandait si sa tribu mangeait les chimpanzés, répliqua :

— Non ! Nous ne sommes pas comme ces gens de là-bas, et il tendit le bras dans la direction de l'intérieur, nous ne sommes pas cannibales!

Aux premiers temps de l'exploration du Congo (1878-79), les indigènes de la région inférieure racontaient une fable relative aux habitants du centre du continent. « Très loin, à l'intérieur, à une distance de bien des lunes, habite une tribu d'hommes très petits. Leur tête est si grosse et si pesante que lorsqu'ils tombent à terre ils ne peuvent se relever d'eux-mêmes. » En tenant compte, pour ce dernier détail, de l'exagération africaine, il est intéressant de noter que les nègres du bas Congo connaissaient l'existence de la race des Pygmées, malgré l'énorme distance qui les sépare, malgré le manque absolu, à cette époque, de communications avec les tribus intermédiaires, et malgré aussi le farouche isolement des Pygmées qui vivent cachés au cœur de la grande forêt.

. . . .

Les indigènes du haut Congo ont rarement plus d'un nom, et ce nom n'a aucun rapport avec la descendance, la parenté ou la tribu.

Ceux du bas Congo sont fréquemment dotés de six noms : le nom du clan, le nom de famille, le nom chrétien, le nom indigène, le nom foua-kongo et le nom kitoko, ou sobriquet dont les jeunes gens sont baptisés par les jeunes filles du village.

CANNIBALISME

— La chair humaine, disait un indigène, nous donne un cœur vaillant pour combattre. Nous mangeons des hommes parce que c'est bon de manger de la chair qui parlait. C'est notre coutume.

Les sauvages croient aussi qu'ils acquièrent les qualités des animaux dont ils se nourrissent. Ce n'est nullement le manque de viande animale qui amène les naturels à manger leurs semblables. Ils les mangent parce qu'ils ont pour ce genre d'aliment un goût héréditaire très prononcé.

Le cannibalisme est devenu un goût acquis dont la satisfaction entraîne une forme particulière d'horreurs. Mais bien que l'absence de sensibilité, que l'amour du combat, la cruauté et une certaine animalité soient les caractères les plus visibles des cannibales, il est surprenant qu'une race adonnée à une pareille pratique et vivant dans un tel état d'anarchie et de barbarie, possède un goût aussi vif pour la forme et le décor, qu'elle soit si facilement accessible au raisonnement et si prompte à profiter de toute amélioration dans les choses de la vie courante.

Au point de vue des relations personnelles, les cannibales de la forêt sont infiniment plus sympathiques que les peuplades de la région inférieure, où l'instinct commercial est plus développé. Ils ne sont ni faux ni trompeurs; quand ils volent quelque chose, ils le prennent ouvertement sous vos yeux, et ils sont dans l'ensemble très intelligents et très entreprenants.

Dans certaines parties de la contrée, les anthropophages se bornent à manger les prisonniers de guerre; en d'autres endroits, ils mangent les corps de ceux qui meurent, exception faite cependant de ceux qui succombent à des maladies de peau.

Quand un chef est tué, les membres de la tribu se cotisent pour acheter plusieurs esclaves qu'ils massacrent et mangent après s'être complètement enivrés. Il est remarquable que les Bangalas se mettent presque toujours en état d'ivresse avant les repas de chair humaine.

J'entrai un jour dans un village où de grandes quantités de viande piquée sur de longues broches séchaient devant les feux nombreux.

— Est-ce que vous mangez des corps humains, vous autres? demandai-je, en indiquant du doigt ces réserves.

— Io, yo té? (Oui, et toi?) fut la repartie immédiate.

Quelques instants après, le chef s'avançait avec une offrande qui consistait en de généreuses portions de chair d'origine trop manifestement visible. Il parut sincèrement déçu quand je refusai.

Une autre fois, dans la grande forêt, où je campais pour la nuit avec quelques traitants arabes et leur

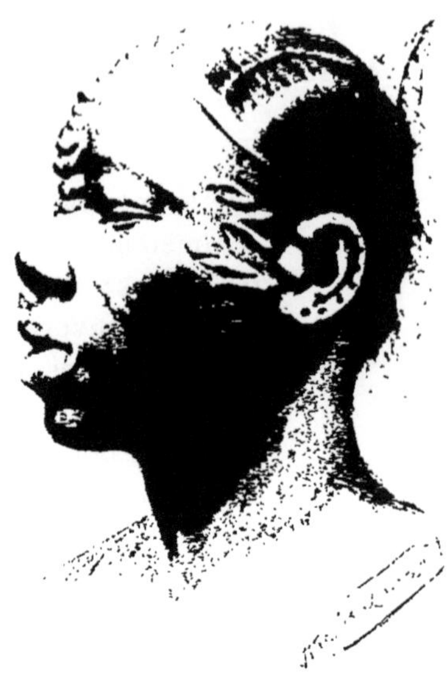

TYPE BANGALA

TYPE LOMAMI

Dessins de l'auteur.

troupe indigène, nous fûmes obligés de transporter ailleurs notre tente à cause des odeurs insupportables de chair humaine qu'on faisait griller tout autour de nous.

Un chef indigène me déclara que le temps qu'il fallait pour dévorer un corps humain variait suivant les circonstances : si c'était le corps d'un ennemi qu'il avait tué, il le mangeait lui-même ; si ce n'était que le corps d'un esclave, il le partageait avec ses compagnons.

Dans de nombreuses localités, il existait un système organisé pour la vente et l'achat d'êtres humains destinés à être consommés comme articles d'alimentation. Dans certains districts décimés par la famine, il n'était pas rare de voir capturer, pour être mangés plus tard, des villages entiers de naturels affaiblis et tombant d'inanition.

J'ai vu défiler sous mes yeux des convois d'esclaves achetés ou capturés, qu'on emmenait à des tribus, qui, en échange d'ivoire, les achetaient pour s'en nourrir.

Un trafic organisé d'êtres humains existait aussi dans la région traversée par le Louloungou, affluent considérable de la rive gauche du Congo. Au confluent des deux rivières, se trouve une série de villages fortifiés qui forment le quartier général des Ngombé. Dans ces villages, de grandes quantités d'esclaves sont emprisonnés en attendant les visites périodiques des trafiquants qui viennent de la contrée des Moubanghi, située sur la rive opposée du fleuve.

Ces dépôts d'esclaves révélaient un état de sauvagerie et de souffrances absolument indescriptible. A l'époque dont il s'agit, il n'était pas rare d'y voir rassemblés une centaine de captifs des deux sexes et de tous les âges, avec des enfants sur les bras de leur mère. Ces humains désemparés, aux corps exténués, dont la peau avait cette teinte grise et mate qui, chez les races de couleur, indique des troubles physiques, restaient là par groupes, ahuris, les yeux hagards.

Sur certains marchés indigènes, notamment dans le voisinage des Moubanghi, des captifs étaient mis en vente, destinés, pour la plupart, à être tués et mangés.

Arrivés à destination, les captifs n'étaient pas au bout de leurs peines. De nouvelles épreuves les attendaient ; échangés encore, ils passaient en d'autres mains, jusqu'à ce que, ayant été convenablement engraissés, ils subissent enfin le sort auquel ils étaient destinés.

Lorsqu'on soupçonnait un captif de vouloir s'évader, le malheureux était condamné à être entravé. On lui passait de force le pied dans un trou ménagé dans une pièce de bois sur laquelle un fer de lance était fixé, tout contre la jambe, rendant le moindre mouvement impossible sans risquer pour le captif de se lacérer les chairs. Un autre procédé consistait à attacher les deux mains du prisonnier au-dessus de sa tête au poteau principal d'une case, ou bien encore à lui ligoter les bras, et à lier ses cheveux tressés en natte à la branche d'un arbre.

Les hommes fournissaient au cannibalisme un nombre de victimes plus grand que les femmes, pour cette raison qu'on estimait à une valeur plus grande les femmes jeunes encore, à cause de leur utilité pour cultiver les plantations et préparer la nourriture. Le fait cependant n'est pas sans exception, car dans le voisinage de l'Arouini, nous avons été amenés à des conclusions contraires.

La pratique la plus inhumaine qu'on puisse rencontrer est celle assurément des tribus qui détaillent vivante la victime. Si incroyable que cela paraisse, les captifs étaient menés de place en place pour que les acheteurs pussent indiquer, par des marques extérieures sur le corps, les parties qu'ils désiraient acquérir. Ces marques étaient ordinairement faites avec de la craie de couleur, ou avec des bandes d'herbes nouées autour d'un membre.

L'extraordinaire stoïcisme de la victime qui se voit ainsi achetée morceau par morceau, n'a d'égal que l'indifférence absolue avec laquelle elle accepte son sort. Car dans un pareil état de terreur perpétuelle, la vie n'offre réellement rien de très attrayant.

Les indigènes des tribus riveraines du haut Congo s'imaginent que la chair humaine acquiert une saveur plus délicate si l'on fait séjourner la victime deux ou trois jours dans l'eau avant de la mettre à mort. En 1886, alors que je gagnais le poste de Bangala, dont je devais prendre le commandement, je voyageai sur le vapeur fluvial, le *Stanley*, en compagnie du capitaine Deane et du docteur Oscar Lenz, un savant allemand bien connu.

En arrivant, assez tard dans la soirée, au village de

Louloungou, situé sur la rive méridionale, nous demandâmes des vivres aux gens de l'endroit, car nous avions à bord quatre cents indigènes, parmi lesquels les soldats houssas qui formaient la troupe spéciale du capitaine Deane, en route pour le poste de Stanley Falls.

Le chef de Louloungou nous informa qu'il se trouvait dans une situation critique. Il était en guerre avec un village voisin et, chaque jour, il subissait de lourdes pertes. En réalité, un bon nombre de ses hommes avaient été capturés et mangés, et il craignait d'être finalement écrasé par ses adversaires plus nombreux.

On tint un palabre, et il fut décidé qu'à l'aube nous interviendrions. Le lendemain donc, nous essayâmes d'entrer en pourparlers avec le chef du village ennemi. Mais nos ouvertures furent accueillies par des clameurs méprisantes et des sagaies nous furent lancées.

Devant le village hostile, une palissade d'une douzaine de pieds de haut avait été établie avec de vieilles pirogues fendues dans leur longueur. Les Houssas tirèrent une volée de coups de fusils à travers la palissade et le capitaine Deane donna l'ordre de charger. Escaladant l'obstacle, nous tombâmes en désordre de l'autre côté, tandis que l'ennemi continuait à nous lancer des sagaies et à décharger ses quelques fusils à pierre.

Pendant un instant, ce fut une confusion indescriptible; les appels, les cris, les hurlements des sauvages produisaient sur nos nerfs un effet singulièrement impressionnant.

Après deux ou trois tentatives courageuses les guer-

PYTHON

riers ennemis lâchèrent pied tout à coup pour se réfugier dans les hautes herbes du marais voisin. En se retirant, ils avaient mis le feu à leur village et, comme il soufflait, un vent assez fort les cases de bois et d'herbes flambèrent rapidement et nous nous trouvâmes bientôt entourés par l'incendie. Suffoqués par la fumée, grillés par les flammes, à demi aveuglés, nous étions dans une position critique. Quelques minutes suffirent pour transformer le village en une masse de décombres fumants.

Les gens de Louloungou s'étaient immédiatement précipités vers le fleuve en nous invitant à les suivre. Là, attachés à des piquets et immergés jusqu'au menton, nous découvrîmes plusieurs captifs Lonloungou dans un piteux état. Suivant la coutume du pays, les vainqueurs avaient soumis ces malheureux à un bain prolongé avant de les tuer pour les manger.

Quand j'eus pris le commandement du poste de Bangala, j'appris bientôt que des scènes de cannibalisme se passaient fréquemment aux environs.

J'avais pour serviteur un jeune indigène Bangala nommé Ezambinia. Il était doué d'une vive intelligence et il me fut d'un précieux secours dans mes efforts pour apprendre le dialecte bangala; j'obtins en outre de lui d'intéressants renseignements sur les mœurs de sa tribu.

C'est le soir surtout que je questionnais Ezambinia, car j'avais remarqué qu'il se sentait plus à son aise quand il ne risquait pas d'être entendu par des indiscrets. Un soir donc, à la fin de l'interrogatoire que je lui avais fait subir, j'observai chez lui une certaine agitation. Je connaissais mal la langue de la contrée, à cette époque-là, et Ezambinia faisait de son mieux pour parler seulement avec les mots qu'il m'avait enseignés. Comme je lui avais posé de nombreuses questions sur le cannibalisme, il finit par me dire que je pouvais, ce soir-là même, assister à un repas de chair humaine dans la partie du village où habitait le chef Joko.

Ezambinia me conseilla d'attendre le milieu de la nuit avant de me rendre seul sur les lieux. A l'heure convenue, comme de nombreux feux flamblaient dans le village, je me glissai dans l'ombre des cases, jusqu'à l'autre extrémité de la longue ligne des habitations.

Je courais un sérieux danger si j'avais été surpris, car malgré mes bons rapports avec les gens du village, le moindre incident pouvait changer la situation. Finalement je parvins en un endroit près du fleuve où un groupe d'arbustes m'offrait un abri.

A peu de distance, je vis une cinquantaine de noirs rassemblés en cercle autour d'un grand feu. Parfois j'entrevoyais le scintillement d'un fer de lance et j'entendais, dans la rumeur des voix, le tintement métallique des bracelets et des anneaux qui s'entre-choquaient. Ils paraissaient parler tous à la fois. De temps en temps, les flammes bondissaient et jetaient des reflets dansants sur les corps luisants et les faces couturées.

C'était la première fois que j'étais témoin d'un repas

de chair humaine, dont les péripéties se déroulèrent devant moi dans tout leur lugubre et atroce réalisme.

Pendant deux années consécutives, j'assistai à de nombreuses scènes de cannibalisme, et en plus d'une occasion, des morceaux de chair humaine me furent offerts avec la plus parfaite cordialité par des indigènes de la grande forêt animés d'intentions hospitalières. Ils ignoraient l'existence même des blancs, et dans la surprise que leur causait leur venue, ils tenaient à faire présent à l'un d'eux de ce qu'ils avaient de meilleur.

Quatre ou cinq ans après mon retour en Europe, j'appris qu'une troupe de Bangala avait été amenée pour figurer à l'exposition de Bruxelles. Je m'y rendis, et, vers la fin de la journée, je franchis le vaste porche de la boulangerie des baraquements.

Malgré le peu de clarté que laissait la nuit tombante et malgré la différence sensible entre mon costume d'alors et mon accoutrement de jadis, je fus immédiatement reconnu, et j'entendis plusieurs noirs prononcer simultanément mon nom indigène « Mayala Mbemba ».

Les noirs, assis autour d'un feu, prenaient leur repas du soir. Ils semblèrent heureux de me voir et j'éprouvai un réel plaisir de leur affectueuse réception.

Je croyais que depuis mon départ de l'Afrique, j'avais à peu près oublié le dialecte bangala qui m'était jadis assez familier. Pourtant je n'éprouvai presque aucune difficulté à répondre aux questions que les noirs me posaient. Chaque fois, néanmoins, que j'entendais le son de ma voix prononçant ces syllabes étranges, les mots cessaient de se présenter à mon esprit, le charme était rompu, la parole se paralysait, je ne pouvais continuer. Puis, quand j'avais à nouveau entendu un instant leurs voix, la mémoire me revenait graduellement, et l'une de mes premières questions fut pour m'enquérir du sort de mon ancien serviteur Ezambinia. Un silence de mauvais augure accueillit ma question; les noirs secouèrent leur main droite pour indiquer que celui dont je parlais était mort.

Un peu plus tard, je pris l'un des Bangala à l'écart, et, quand je fus sûr que ses compagnons ne pouvaient nous entendre, je lui demandai à voix basse ce qui s'était passé. Je me rappellerai toujours son geste, quand il me répondit :

— Il est mort... J'ai tenu sa tête dans mes mains!

ENVOI

Dans les pages qui précèdent, je me suis efforcé d'exprimer, pour ainsi dire, la substance de quelque chose que je ressens profondément en moi : un sentiment de pitié fraternelle pour les indigènes du Congo. C'est un peuple dont le développement a été temporairement arrêté par l'adversité.

Les noirs du centre de l'Afrique sont foncièrement humains; ils sont souvent cruels, mais ils sont aussi souvent capables de bonté.

En fait, ils n'ont jamais été en mesure de parvenir à un état supérieur. D'abord, la persécution réciproque, de tribu à tribu, ensuite la persécution par des envahisseurs a toujours été une entrave à leur développement.

Dans les limites de leur propre activité, les indigènes du Congo manifestent une grande intelligence; et, grâce à l'influence d'exemples sains, ils arriveront certainement à renoncer à leurs mœurs odieuses. Susceptibles de perfectionnement, il est indiscutable qu'ils s'amélioreront sous une direction intelligente et sympathique; il est non moins indiscutable, malheureusement, que des Européens d'intelligence et de moralité inférieurs, poussés par le lucre, ont, en trop de circonstances, exploité les passions les plus basses des indigènes.

Il faut espérer beaucoup d'une race que peut modifier un traitement judicieux et bienveillant, et nous devons ne pas perdre de vue que le sauvage du Congo nous sert à mesurer la distance que nous avons franchie depuis l'époque où nous étions dans un état primitif analogue.

Depuis de longues années, l'attention du monde entier a été occupée par les atrocités que l'on impute à l'administration même du Congo (1). Il y a dix ans, un journaliste anglais, M. E.-D. Morel, se livra à une enquête sérieuse, et il a fait universellement connaître, d'après le récit de témoins oculaires, dans des pages émues et sincères, l'état de choses existant. Dès qu'on s'intéresse au Congo, il faut rendre hommage à l'œuvre courageuse et désintéressée accomplie par M. E.-D. Morel.

Les affaires du Congo présentent un double aspect; elles ont un côté politique, magistralement traité par des hommes intrépides et honnêtes, qui ont cherché à améliorer la condition d'une race persécutée.

L'autre côté, me semble-t-il, est celui de la race

(1) Le 27 février 1908, à la Chambre des Communes, Lord Cromer déclarait : « On a fait preuve d'un mépris cynique des races indigènes, on a livré ce pays, au profit d'étrangers, à une exploitation implacable dont je ne crois pas qu'on puisse trouver parallèle dans l'histoire des detemps modernes. »

même, de la nature des indigènes, de leurs habitudes, de leurs mœurs et de leur personnalité.

Si les faits que j'ai relatés dans les pages qui précèdent peuvent susciter chez le lecteur un sentiment d'intérêt et de sympathie à l'égard de mes amis africains, je m'estimerai amplement satisfait.

FIN

TABLE DES GRAVURES

*

TABLE DES MATIÈRES

PARIS

TYPOGRAPHIE PLON-NOURRIT ET Cie

Rue Garancière, 8

INDIGÈNE BASOKO

www.ingramcontent.com/pod-product-compliance
Ingram Content Group UK Ltd.
Pitfield, Milton Keynes, MK11 3LW, UK
UKHW020605230726
13926UKWH00005B/2205

9 782013 668040